图书代号：SK20N1197

图书在版编目（CIP）数据

我从秦国来：兵马俑出境展览亲历记 / 庞雅妮著. —西安：陕西师范大学出版总社有限公司，2020.7
ISBN 978-7-5695-1613-5

Ⅰ. ①我… Ⅱ. ①庞 Ⅲ. ①秦俑—文物—国际交流—文化交流—概况—中国 Ⅳ. ①K878.9

中国版本图书馆CIP数据核字（2020）第082161号

我从秦国来：兵马俑出境展览亲历记
WO CONG QINGUO LAI BINGMAYONG CHUJING ZHANLAN QINLI JI

庞雅妮　著

选题策划	郭永新
责任编辑	彭　燕
责任校对	张　佩
装帧设计	观止堂_未氓
出版发行	陕西师范大学出版总社
	（西安市长安南路199号　邮编710062）
网　　址	http://www.snupg.com
印　　刷	重庆新金雅迪艺术印刷有限公司
开　　本	889mm×1194mm　1/32
印　　张	10.125
插　　页	4
字　　数	179千
版　　次	2020年7月第1版
印　　次	2020年7月第1次印刷
书　　号	ISBN 978-7-5695-1613-5
定　　价	98.00元

读者购书、书店添货或发现印刷装订问题，请与本公司营销部联系、调换。
电话：（029）85307864　85303629　传真：（029）85303879

文物连接古今　交流沟通中外

（代序）

　　文物展览是博物馆一项重要的业务活动。借用其他博物馆的展品举办临时展览或特别展览，可以丰富展览主办博物馆的业务活动，满足不同参观者多方面的文化需求，促进馆际交流与合作，培养和锻炼业务人员。而文物进出境展览是国际博物馆或其他文化机构的展览、交流活动，是国际馆际业务交流、合作的主要途径。除了具有一般文物展览的作用，文物进出境展览作为文化交流的一种重要方式，还承担着促进不同文化对话交流、构建国际文化新秩序的职能。

　　中国的文物出境展览开始于20世纪50年代。近70年以来，由国家文物局、国家文物局指定的从事文物出境展览的单位、省级文物行政部门及其指定的从事文物出境展览的单位、各文物收藏单位独立或合作举办的文物出境展览，已走进世界五大洲的50多个国家和地区。这些文物出境展览，不仅丰富了境外展览主办博物馆的业务活动，满足了当地民众多方面的文化需求，而且提高了我国文博界的国际交流、合作水平，传播了悠久博大的中华文明和中国人民的友好情谊，发挥了中华文化"外交使者"和"国家名片"的特殊作用。而赴港、澳、台举办的文物展览，在增加文化认同、增强民族凝聚力方面，同样发挥了不可替代的作用。

陕西省作为人类重要的起源地和中华民族的摇篮，作为周、秦、汉、唐等14个王朝的建都之地，历史悠久、文化遗产丰富。陕西省更因其文物数量多、等级高而享誉海内外。丰富而独特的文物资源，促使陕西省的文物出境展览工作在1965年就开始了。从1985年起，经国家文物局同意，陕西省文物管理部门开始独立承办文物出境展览。自此以后，陕西省除参加国家有关部门举办的或与兄弟省（区）联合举办的文物出境展览外，还独立承办文物出境展览。这些文物出境展览在服务国家外交大局、传播中华文明、促进陕西经济社会发展、推进陕西与国际博物馆界的合作等方面，均发挥了重要的作用。

文化是人类的精神家园，它深深地熔铸在民族的生命力、创造力和凝聚力之中。文化的民族性，构筑了世界文化的多样性。"各美其美，美人之美，美美与共，天下大同"是中华文明向世界贡献的、不同文明之间彼此理解尊重的共处理念和相安之法，而中国的文物出境展览正是中国文博界在此理念下的具体作为。分析研究文物出境展览实践中的得与失，对于提高文物出境展览工作水平，提升中华文化的国际传播力和影响力，无疑具有非常积极的现实意义。

作为陕西文物出境展览专门机构——陕西省文物交流中心曾经的主要负责人，庞雅妮女士在近8年的工作中组织了44项65场次文物出境展览。现在，她从这些展览项目中选择了10个与秦兵马俑相关的、最有代表性的出境展览案例，以翔实的第一手资料，分析存在的问题，总结成功的经验。除此之外，她还将陕西最有特色、最受国际文博界追捧的秦兵马俑展览，置于国际文化交流的大背景之下，探讨其受欢迎的深层次原因；梳理从1985年陕西开始可以独立举办出境展览到2019年陕西文物出境展览35年的数据，全面分析陕西文物出境展览在地域分布、时间跨度、题材选择三个方面的特点与变化，并探讨其背后的政治、经济、文化因素。这种点、线、面结合的记述、分析与研究，不管是对想了解国际文物展览交流背后故事的人、从事国际文化交流的工作者,还是研究国际文化交流的学者,都有一定的借鉴和参考意义。

文物作为文化的物证,在时间上连接着过去、现在与未来,在空间上为不同文明、不同地域、不同民族搭建沟通桥梁。随着时代的不断变化,文化交流与融合的频率会愈来愈高,强度也会愈来愈大,文物出境展览这种独特的文化交流方式,自然会更加重要。

2020年3月6日

目录 | CONTENTS

文物连接古今　交流沟通中外（代序）　｜单霁翔 / ·1·

火热的兵马俑
｜国际文化交流背景下的兵马俑出境展览 / 1

视觉艺术的首选
｜美国宝尔文化艺术博物馆"兵马俑：秦始皇的守卫"文物展 / 21

不容错过的展览
｜美国海伊艺术博物馆"中国秦始皇兵马俑"文物展 / 51

历经考验的展览
｜智利总统府文化中心"古代中国与兵马俑"文物展 / 81

"不打不成交"的合作
｜加拿大皇家安大略博物馆"中国秦兵马俑"文物展 / 103

拿得出手的文化精品
| 瑞典东方博物馆"中国兵马俑"文物展 / 127

漫长的法律维权路
| 纽约探索时代广场展览馆"中国兵马俑"文物展 / 147

追求超越铸就的经典
| 香港历史博物馆"一统天下:秦始皇帝的永恒国度"
  文物展 / 175

跨越时空的碰撞
| 瑞士伯尔尼历史博物馆"秦始皇及其兵马俑"文物展 / 199

"美美与共"的范例
| 美国印第安纳波利斯儿童博物馆"兵马俑:秦始皇帝的
  彩绘军队"文物展 / 227

秦文化的最完整呈现
| 台北故宫博物院"秦·俑——秦文化与兵马俑特展" / 249

风雨 35 年
| 陕西文物出境展览 35 年的大数据 / 279

那些年　那些事　那些人(代后记) / 309

火热的兵马俑

国际文化交流背景下的兵马俑出境展览

纵观10余年来国际博物馆界的国际文物交流展览，以兵马俑为主题的展览无疑是最受欢迎的项目之一。兵马俑展览已经与"图坦卡蒙墓之宝藏"展、"死海文书"展、"庞贝"展览等一样，成为国际文物交流展览中最被青睐的品牌。据不完全统计，自1974年秦兵马俑被无意发现，至2019年年底，40多年来，以秦兵马俑为主题和包含有秦兵马俑的中国文物出境展览，已经有150余项270余场，秦兵马俑已经走进世界五大洲的近50个国家和地区。而且，兵马俑到哪儿都备受当地民众的欢迎，参观人数几乎创造展览举办博物馆的历史最高纪录。面对兵马俑展览如此火爆的情形，作为展览的中方组织者之一，我多次与国际博物馆界的同行探讨，公众为什么如此喜欢兵马俑。他们的回答虽然各异，但归结起来无外乎是文化的魅力。

❶ 异文化的魅力

博物馆具有收藏、研究、展示、教育等多重功能，但直接面对公众、服务社会的主要还是展示，而公众和社会也主要以博物馆的展览来评估博物馆的成就。从公众角度讲，观看博物馆展览可以获得知识和美的享受、放松精神、陶冶性情、改变行为态度乃至思想观念。从博物馆角度讲，展览可以让公众和社会直观感受博物馆所承担的收藏、保管社会发展见证物的特殊职能，使参观博物馆展览成为公众可选择的有价值的休闲体验活动，从而使公众和社会在资金支持、展品捐赠等方面更加积极，进而从根本上推动博物馆的发展。

近三四十年来，全球博物馆都经历着走向社会、走向公众和走向市场的过程。博物馆越来越多地把对参观者需求及期望的满足和实现列在工作之首，博物馆的公共性和为普通大众服务的宗旨、观念，在博物馆的发展中逐渐得以确立、加强并形成制度。因此，在常设展览不能经常改变的情况下，时常举办吸引参观者的特别展览，以加强与社会公众的联系，增强博物馆的影响力，就成为很多博物馆最重要的发展策略。

举办有关异文化的特别展览，是西方博物馆界的一个传统。这种传统来源于西方社会及公众对异文化由来已久的兴趣。15—17世纪的地理大发现，让当时技术先进的欧洲文化与各种异文化开始了频繁而广泛的接触。19世纪以来，世界不同文化的起源与世界不同民族及其语言的分布、渊源等问题，成为西方学者深感兴趣的研究主题，从而引发了西方社会的异国探险心态和探险行为。两次世界大战的浩劫、失落迷惘之后的反省以及寻求救赎的心理，更使西方社会将目光投向异文化，包括东方文化。所以，在19世纪后半期和20世纪早期，西方国家普遍对东方艺术产生了兴趣。也就是从这个时候起，世界上很多大博物馆开始收藏东方艺术品，并进而形成了各自的东方部或亚洲部。20世纪后半期，随着各个国家的独立，西方社会再想获得异文化的物证包括东方的艺术品，就不太容易了。1970年联合国教科文组织《关于禁止和防止非法进出口文化财产和非法转让其所有权的方法的公约》通过，越来越多的国家成为该公约的缔约国，西方博物馆的东方艺术品来源进一步得到了限制。

另一方面，进入21世纪后，联合国教科文组织颁布了《世界文化多样性宣言》和《保护和促进文化表现形式多样性公约》，保护世界文化多样性。同时，对文化多样性认识的深化也使得许多博物馆的有识之士认识到，呈现多元文化才是博物馆核心价值之所在。而要呈现多元文化，对博物馆来说就是要有代表多元文化的物证。然而，各博物馆藏品的涵盖面及代表性毕竟有限，特别是在需要呈现纷繁多样的异文化，包括东方文化的时候，它们明显缺乏20世纪后半期以来，尤其是近些年来的考古新发现成果。于是，向其他博物馆或相关机构寻求支援、进行交流，就成为大多数博物馆弥补旧收藏和新发现之间的缺环，实现核心价值、呈现多元文化最有效而又便捷的方式。

西方博物馆对异文化的认识和展示大约经历了三个发展阶段。最早的异文化展示期可以称为"奇珍陈列式时期"，将异文化器物视为有异国风情的珍奇异物加以陈列展示。其次是"美学式展示时期"，用艺术的手法陈列器物，将代表异文化的文物置于典型的西方美学架构中。第三个阶段则是近数十年来，绝大多数博物馆逐渐采用"概念导向的主题展示"来诠释异文化,多向度组合展示文物的原始脉络和意义,异文化器物逐渐获得了其应有的地位,成为理解异文化的媒介。

各个国家相继出台的文化政策,对博物馆引进异文化展览也产生了巨大的推动作用。

日本的行政体系在评价公立博物馆时,经常只以参观人数作为评价标准,而这样的倾向在近几年越来越严重。于是,公立美术馆总是相互竞争,希望能在一年当中举办3—5场企划展,企图能够因此获得更多的参观人数。据统计,在日本最受欢迎的是法国印象派的展览,例如包含雷诺阿、莫奈、凡·高等巨匠,以及20世纪的毕加索、达利等人的作品的海外名作展,或是罗浮宫、奥赛美术馆等著名美术馆的名品展。埃及、中国、日本古代典藏品也能吸引众多的参观者。日本中央政府从2002年开始在实质上执行支援公立美术馆、博物馆的制度,以"艺术据点形成事业"为名,补助展览,从连接地方,开发先进的展示、普及手法以及国际交流等多方面来给各种展览提供援助。

瑞典对博物馆的评估也主要以参观者的数量为标准。2006年,瑞典新一届政府实施了博物馆免费开放的政策。然而之后不久,新政府取消了博物馆免费开放的政策,但对参观者数量的要求依然很高。在这种情况之下,瑞典的博物馆都不得不集

说最能成为中国文化符号的文物展览，也是一种自然且必然的选择。

　　走向市场的西方博物馆，通过对市场目标群的细分，也将展览主题选定为中国文物展览。人类社会发展的一个重要现象就是全球化，而全球化的其中一个结果就是移民的增长以及人才在全球范围内的自由流动。这些流动的人对本地人群来说就是社会学上所说的陌生人，即存在于某一群体之中，却与该群体联系松散的个体成员，群体内的其他成员并不完全接受这些人，而且这些人在文化、认知等某些重要方面与其他成员存在差异。陌生人与本地人最大的不同在于空间上的二重性：虽在物理空间上近在咫尺，却在社会空间上远在天涯。消弭陌生人与本地人在文化、认知等方面存在的差异和他们在空间上的二重性，是美国、加拿大、澳大利亚等传统的移民国家必须要面对的现实问题。改革开放后，中国大陆出国留学、工作人员的数量以及在全球的分布范围，都呈现出相当迅猛的扩展态势。满足华人后裔以及这些新移民的文化身份认同需求，逐渐消除社会认知差异，是西方博物馆选择引进最有知名度的中国文物展览的重要考量。

　　对收藏有东方文物，特别是中国文物的欧美博物馆来说，结合博物馆自身藏品资源，通过引进展览，弥补自身藏品的局限性,反映新时期中国的考古新成就,是引进展览的最主要的功能目标。19世纪后半期和20世纪早期对东方艺术和建筑的普遍兴趣,形成了瑞典东方博物馆(Museum of Far Eastern Antiquities)的藏品基础,从而也使其逐步成为一座以收藏亚洲藏品为特色的博物馆。但是,正如东方博物馆时任馆长桑内·霍比·尼尔森在2007年台北历史博物馆召开的博物馆馆长论坛会议上所说,东方博物馆的旧有藏品和20世纪以后亚洲新的考古发现之间已经存在巨大的差异,随着亚洲经济社会的发展,旧有藏品反映的知识信息和文化已经不能满足在商贸和旅游活动带动下人们对新知识和新研究的渴求。为了适应和满足新的社会环境下参观者的需求,东方博物馆除了从文化历史视角重新布置了过去以"中国艺术的诞生"为展示主题的常设展览外,又增加了国际合作,特别是和亚洲博物馆的合作。于是通过引进亚洲博物馆的展览,来弥补自身藏品的不足,吸引参观者,成为东方博物馆的一个重要发展策略。而引进展览侧重选择亚洲国家,包括中国新的重要考古发现以及新的保护研究成果的,不唯东方博物馆。对所有在19世纪后半期和20世纪早期建成的、有亚洲藏品的博物馆来说,在引进展览上都有着与瑞典东方博物馆一样的功能目标需求。

对受政策和市场影响比较大的中小型博物馆来说,引进中国文物展览中的优质展览以弥补经费之不足，是其主要功能需求。近些年来，西方各国政府纷纷压缩博物馆的资助经费，在欧洲大陆，特别是在英国和荷兰开始的"博物馆独立化运动"，核心内容就是区分博物馆与政府在人类文化遗产领域的分工，即政府对博物馆收藏的属于国家所有的文化遗产的收集、保护及实施这些行为所必需的资金、建筑、设施和人员负有责任，而传播、服务等方面的工作及资金则由博物馆负责。这一运动的目的在于弱化博物馆对政府的依附，使其有更多的机会和自由在传播和服务领域走向社会、走向市场。2008年开始的全球经济危机，使许多博物馆雪上加霜，中小博物馆和私人博物馆受到的冲击尤其强烈。为了应对危机，位于美国加利福尼亚州橙县的宝尔博物馆（The Bowers Museum of Cultural Art）不得不适时调整了当初收藏展示地方历史相关展品的最初定位，转而通过展示世界上最优秀的艺术品来培养人脉、凝聚人气。面对博物馆的运营主要依靠自己营运所得而不是捐款所得的严酷现实，宝尔博物馆馆长皮特·凯勒博士在2003年台北历史博物馆召开的博物馆馆长论坛会议上说："宝尔博物馆在评估各种各样的项目，特别是考虑项目的费用时，变得非常清晰明朗……所有的项目都要受到我们核心使命和费用的检视。"正是因为目标定位的改变，宝尔博物馆频繁引进世界各

地包括中国的文物展览，这也让其近几年来在美国博物馆界声名鹊起，并为博物馆带来了很好的经济效益。

不管是为了文化上的追根溯源，还是经济上的适当补偿；不管是为了吸引一般人群，还是吸引目标人群；不管是从自身藏品的角度，还是从外部市场的角度出发，国际交流展对中国文物展览的功能目标需求，均使得国际展览选题指向那些最能代表中国古代文化的、最能反映中国考古发现研究成果的、最知名且最能吸引普通公众的文物展览。

❸ 秦兵马俑的魅力

兵马俑展览就是这样一个兼具代表中国古代文化、反映中国考古发现研究成果，并深受普通公众欢迎三重作用的文物展览项目。

首先，秦文化在中国历史上的重要性，使包含有秦兵马俑的秦代文物展览或秦汉文物展览不仅成为体现中国古代文化的极好载体，也成为理解现代中国和未来中国的重要桥梁。作为迥异于西方文明的东方文明代表——中华文化，遵循着与西方文明不同的思想理念和发展路径，形成了独特且绵延不断的文化体系，而这一体系的基本成型时期则开始于秦。

秦朝及随后的汉朝是中国历史上的关键时期，无论是中国基本版图的确立、中央集权制度的诞生、大一统国家的建立、中华主体民族和文化的形成，还是中西文化交流的加强，皆从这个时期开始。自从秦汉定制，2000多年间，古代中国的政治、经济、社会和文化的发展，一直遵循着这条轨迹。正因为认识到这一点，大英博物馆（The British Museum）筹备了两年多时间，最终于2007年9月至2008年4月成功举办了"中国秦始皇兵马俑"文物展。在6个半月的展期中，共

大英博物馆举办"中国秦始皇兵马俑"
文物展时的外景

有85万人参观了该展览。这前所未有的成功，使全球博物馆都轰动了。而对于选择该展的原因，大英博物馆馆长尼尔·迈克格雷格在2008年7月接受《东方早报》采访时是这样说的："始皇帝展览的展品与当时国家的控制有关，这个国家不可分割的意识极强。不顾所有困难，也要坚持统一，是中国历史现象中一个非常重要和持久的特征。"

其次，作为"20世纪考古史上的伟大发现"，秦始皇兵马俑及秦陵的考古发现，无疑是反映中国考古发现研究成果的最重要代表。兵马俑从被偶然发现，到科学的勘探发掘和研究，40多年来，其成果之丰硕，意义之重大，持续引发着学术界及公众的关注和兴趣。在1974年农民打水井发现兵马俑之前，当地村民在生产和生活活动过程中也多次发现过兵马俑的残件。从明代开始，就有学者陆续对兵马俑进行过一些考察和勘查。但1974年的这次偶然发现能引起重视，得益于几位地方文博工作者的专业敏感性和国家级新闻记者的新闻敏感性、政治敏锐性，其结果是使关于这一发现的消息直达当时中国的最高领导层，时任副总理的李先念专门做了批示：要妥善保护好这一重要文物。国家文物局很快便落实了李先念副总理的批示精神，在陕西成立了考古队，对遗址进行发掘，并从此开始了直至现在还在持续的发掘和研究。40多年来，秦俑进行过三次大规模的勘探和发掘。1974年至1985年，一、二、三号坑的发现与发掘，使得真人大小的陶俑陶马、木质战车、青铜兵器等呈现在世人面前。1998年至1999年的勘探与发掘，使得石质甲胄、青铜水禽、文吏俑、百戏俑等与以往的发现截然不同的文物问世，引起了世人的惊叹。从2010年开始的第三次发掘，虽然到目前还未有正式的发掘报告，但基于更加科学的方法和更加明确的学术目的所进行的发掘工作，一开始就引起了媒体和公众的高度关注，让公众和学术界都充满了期待。

第三，文化外交的成功推动使兵马俑考古发现从一开始就为世人所瞩目。1975年，新华社第一次向国际社会通报了秦兵马俑的发现。由于当时中国的社会情况，兵马俑并没有向国外使团和媒体开放，使得这一发现更显神秘。后来，加拿大裔美国人奥德丽·托平在美国《国家地理》上发表了《秦始皇帝大军——中国令人难以置信的考古发现》的文章。基于美国《国家地理》的影响力，托平的这篇文章对秦兵马俑名扬世界发挥了很大作用。1976年5月，新加坡总理李光耀首次被特许到遗址参观，新华社编发了这一消息，并引述了李光耀总理的评价："世界的奇迹，民族的骄傲。"自此以后，兵马俑遗址便成为外国领导人对中国进行国事访问时的必备一站。1978年，时任法国巴黎市市长的希拉克在访问兵马俑之后，称之为"世界第八大奇迹"。从此，"世界第八大奇迹"成为秦兵马俑最为响亮的称号。随着中国与西方世界往来的逐渐增多，文物出境展览的文化外交功能也开始受到重视。在周恩来总理的直接关怀和领导下，1973年，"中华人民共和国出土文物"展在法国、日本、英国、美国等15个国家和地区展出，取得了极好的宣传效果。由于兵马俑的独特魅力，在被正式发现两年之后，兵马俑就随"中华人民共和国古代青铜器"展到日本展出。1982年，第一个兵马俑专题展在澳大利亚展出。之后，兵马俑就成为很多展览中不可或缺的展品，很多时候更以专题展的形式展出，在整个出境展览中扮演愈来愈重要的角色。

第四，作为兵马俑展览中的"领衔主演"，秦兵马俑以其造型的独特性和艺术的写实性，吸引了普通公众的目光。目前，在秦代之前、之后的中外历史遗址中，均从未发现过类似这样写实造型的陶俑。正如严文明先生在《秦始皇帝陵博物院》集刊创刊祝词中所说："兵马俑体型之大、数量之多、艺术造诣之高，以及内容之丰富与独特，可谓惊世骇俗，旷古未闻。"根据曾于2010年6月至2011年6月举办"中国秦兵马俑"（The Warrior Emperor and China's Terracotta Army）文

罗马尼亚国家历史博物馆
"华夏瑰宝"展图录

物展的加拿大皇家安大略博物馆(Royal Ontario Museum)对参观者的调查,真人般大小的秦兵马俑无疑是展览中最受欢迎的展品,而且大多数参观者希望能在展览中看到更多的秦兵马俑。这也就是为什么虽然只是众多展品中的一类,"秦兵马俑"却往往成为整个展览的关键词。即使在其他主题展览,如"中华人民共和国古代青铜器"展、"唐长安文物"展、"丝绸之路"展、"华夏瑰宝"展等展览中,秦兵马俑也往往是不可缺少的参展品。而且,只要展品中包含有秦兵马俑,主办方印制的图录、说明书和参观门票、展览招贴画、宣传广告中,很多时候都会以秦俑图像或秦俑军阵作为主图像进行宣传。

兵马俑一经面世就引起了国际社会的兴趣，随着全球化下中国政治、经济、文化的广泛深入影响，世界人民对兵马俑的喜爱和对兵马俑展览的需求更有了与日俱增的趋势。兵马俑已经成为中国古代文化的一个符号，成为普通公众熟悉且热爱的形象；兵马俑展览也已经成为国际社会了解中国古代文化、中国考古学发现研究成果的最佳桥梁。

探究兵马俑展览如此火热背后的原因，目的就是要发挥好国际文物交流展览中这个当之无愧的优质品牌的作用，让兵马俑展览在传播中华文明、展示国家形象、提高文化软实力等方面，发出最强的光和热。

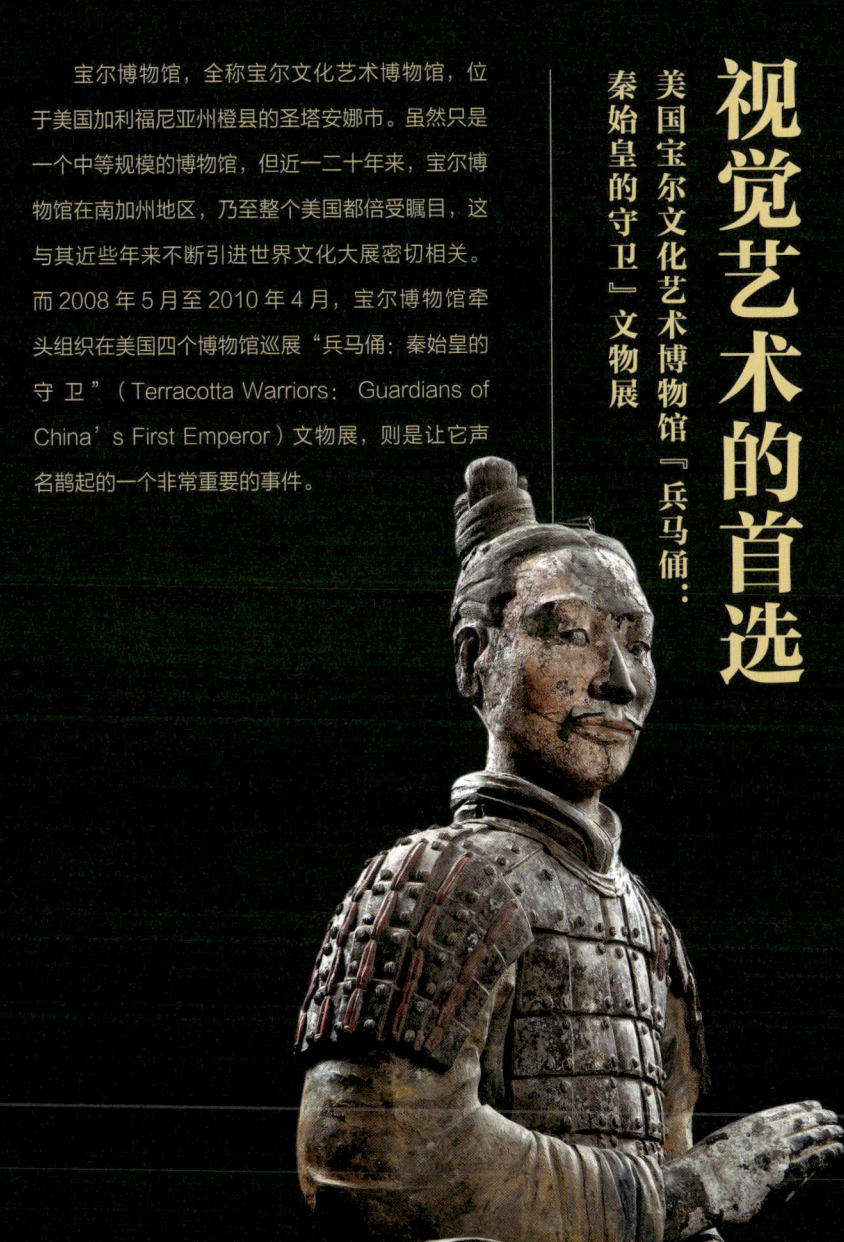

视觉艺术的首选

美国宝尔文化艺术博物馆『兵马俑：秦始皇的守卫』文物展

宝尔博物馆，全称宝尔文化艺术博物馆，位于美国加利福尼亚州橙县的圣塔安娜市。虽然只是一个中等规模的博物馆，但近一二十年来，宝尔博物馆在南加州地区，乃至整个美国都倍受瞩目，这与其近些年来不断引进世界文化大展密切相关。而 2008 年 5 月至 2010 年 4 月，宝尔博物馆牵头组织在美国四个博物馆巡展"兵马俑：秦始皇的守卫"（Terracotta Warriors: Guardians of China's First Emperor）文物展，则是让它声名鹊起的一个非常重要的事件。

❶ 成功的展览

2008年，世界上发生了很多影响深远的事情。开始于2007年4月，并于2008年9月全面爆发的金融危机，像海啸一样波及全球经济的各个领域；北京奥运会圆满举办引发的中国热，也像热浪一样在不同国家蔓延。应对金融危机下博物馆面临的财务困境，满足因北京奥运会举办而引起的美国普通民众对中国的好奇心，成为促成宝尔博物馆组织"兵马俑：秦始皇的守卫"文物展巡展的最主要原因。

此次展览是1979年中美建交以来在美国举办的最大规模的以秦兵马俑为主题的展览，囊括了截至展览举办前秦始皇帝陵及秦兵马俑的最重要的考古发现和最新的研究成果。从西边的洛杉矶到东南部的亚特兰大，从南部的休斯敦到东部的华盛顿特区，共有100多万美国民众在四个不同场地参观了展览。除了各举办地区媒体的连续密集报道之外，展览更受到了一些具有全国性乃至世界性影响的媒体的关注。如美国有线电视新闻网、美国全国广播公司、美国公共电视台、华盛顿邮报、时代周刊等，都对展览进行了专题报道。这个巡回展览的深远影响还在于，它极大地影响了此后10余年美国博物馆界对中国文物展览主题的选择。自此以后，以秦兵马俑为主题的展览以势不可挡之势，成为美国博物馆界除埃及的"图坦卡蒙墓之宝藏"展之外，最热门的展览选题。而由于国际上很多大博物馆都收藏有埃及文物，再加之埃及国家文物部门在早些年就已经开始与国际博物馆界合作，中国的秦始皇兵马俑展便因其收藏的独有性后来者居上，成为美国各大博物馆最想举办的展览。谁也不知道这股兵马俑热还要持续多久，但开启这一轮北美兵马俑热潮的，非宝尔博物馆莫属。

2008年10月，我由展览的中方组织单位——陕西省文物局及文物交流中心选派，作为工作组组长赴橙县宝尔博物馆撤展并去亚特兰大海伊艺术博物馆（High Museum of Art）布展，深深感受到了展览成功带给美方展览策划者和组织者的兴奋与喜悦。宝尔博物馆是此次巡回展览的第一站，展期从2008年的5月18日至10月16日。此前，虽然经营多年，宝尔博物馆每年的参观人数也没超过15万,但"兵马俑:秦始皇的守卫"文物展在宝尔博物馆仅仅展出5个月,就为博物馆带来了24万的参观人数。

美国博物馆特展门票价格一般为十几美元,而宝尔博物馆的兵马俑展览除对6岁以下儿童免票外,成人门票价格为25美元,学生和62岁以上老人为19美元,周末价格还会有所提高,分别是27美元和21美元。虽然这样的门票价格连宝尔博物馆自己的工作人员都觉得有点贵,但不菲的票价和在金融危机影响下开始衰退的美国经济,都没能阻挡公众参观兵马俑展览的热情。

展览开幕以后,公众的反应极其热烈,日参观人数一再打破宝尔博物馆纪录。特别是展览将要结束前的那个周六和周

作者在宝尔博物馆执行撤展任务时的留影

中方撤展工作人员在宝尔博物馆拆卸复制的铜车马

日，每天竟有四五千人前去参观。从宝尔博物馆馆长到一般工作人员，都不止一次地跟我们中方工作组人员描述过当时的盛况。据说，排队的长龙从博物馆里一直绵延到博物馆外，并且在馆外的空地上继续迂回盘旋。为了使展厅不至于过分拥挤，宝尔博物馆不得不采取分时段控制人数的办法，以保证参观效果。虽然当我们前去撤展时，宝尔博物馆已经恢复了往常的平静：馆外无人熙攘，静寂得如同美国普通的街道；馆内三三两两的参观者，使不大的展厅显得空阔寂寥。但兵马俑展带给所有参与者和参观者的喜悦与感动，很明显，依然在人们的眉尖和心头流淌。

迄今为止，宝尔博物馆共举办过60多个来自世界各地的特展，其中有关中国文化的展览超过10个，其中包括"紫禁城的神秘世界——北京故宫博物院珍宝"展、"南京博物院珍宝"展、"来自世界屋脊的宝藏——西藏文物"展、"中华五千年文化和艺术——上海博物馆珍宝"展、"兵马俑：秦始皇的守卫"文物展、"秦汉唐文物精品"展、"丝路奥秘——新疆文物大展"、"失落的中国古代文明——三星堆文物精品"展、"齐白石书画篆刻木雕展"等。但是，没有一个展览像"兵马俑：秦始皇的守卫"文物展这样成功。对宝尔博物馆而言，这次展览除了使其参观人数和展览收入创纪录之外，也让其史无前例地被众多媒体关注。最有影响力和权威性的美国三大时事周刊之一——《时代周刊》曾专文介绍宝尔博物馆的兵马俑展，并称其为2008年夏天美国"视觉艺术的首选"。

❷ 敏锐的决策

开放于1936年的宝尔博物馆，是橙县历史最悠久的博物馆，也是橙县目前最大的博物馆。但在拥有17000多座博物馆的美国，宝尔博物馆不管是从规模，还是从其影响力来说，充其量都只能算作一个中等规模的博物馆。但就是这个"非重量级"的博物馆，引发了在北美至今不衰的兵马俑展览热潮。是什么原因让宝尔博物馆的决策层敏锐地做出了这个直到今天还让他们自豪的决策呢？

19世纪晚期，从事柑橘种植和地产开发的查理斯·宝尔先生向圣塔安娜市捐献了目前博物馆所在的一块土地，以及10万美元，以兴建一座博物馆。1932年，博物馆建成。但是，由于当时美国正处于经济大萧条时期，所以直至1936年，博物馆才正式对公众开放。当时的博物馆由圣塔安娜市政府管理运营，收藏和展示的主要是与橙县历史相关的展品。1973年，宝尔博物馆进行了第一次扩张，占地面积增加了一倍，达到了24000平方英尺（约合2230多平方米）。博物馆最重要的一个发展时期是20世纪80年代中后期到90年代初期。在这一时期，为适应不断变化的社会环境，圣塔安娜市议会首先对博物馆的管理体制进行了改革。改革后的博物馆不再归圣塔安娜市政府管理，成为一个非营利性独立机构，由董事会管理。同时，将博物馆定位为区域最重要的文化中心和未来文化区域规划中的支柱项目，博物馆展品的收藏和其他项目的实施都围绕"环太平洋的文化和艺术"展开。同时，关闭博物馆，以进行大规模的改建和扩建。改、扩建后的博物馆，面积在1973年的基础上又增加了两倍多，达到了75000平方英尺（约合6900多平方米）。1992年，博物馆重新开馆，名称正式改为宝尔文化艺术博物馆，收藏和展示等活动除了反映橙县历史外，更着重于表现美洲、非洲以及环太平洋地区的文化和艺术，以适应南加州地区文化多元的特点。2007年，博物馆进行了到目前为止的最后一次拓展，将占地面积扩张到10万平方英尺（约合9300平方米），展览面积增加到45000平方英尺（约合4185平方米），增加了展示中国文化和大洋洲文化的常设展览展厅，使常设展览的展厅增加到了6个；另外，还增加了临时展厅、报告厅和举办活动的专门场地等，使博物馆引进"世界上最优秀的艺术"、为参观者提供更多样化的服务成为可能。

　　宝尔博物馆在 20 世纪 70 年代的扩建和增容，以及 80 年代后期 90 年代初在管理体制方面的重大变化、博物馆目标的重新定位，是 20 世纪 70 年代以来欧美博物馆在这一时期发展的一个缩影。"二战"之后，经过二三十年的经济、社会重建和发展，到 20 世纪六七十年代，社会稳定，物质文化极大丰富，使得各种新的文化休闲机构不断出现。1955 年，距宝尔博物馆只有 4 英里（约合 6.4 千米）的加州迪士尼公园正式对游客开放，成为全球第一个现代意义上的主题公园。而它出现的原因——休闲文化和消费文化的兴盛，也带动了博物馆的发展。20 世纪 70 年代和 80 年代是欧美博物馆的快速发展期，许多新博物馆陆续建成开放。瑞士博物馆学家马丁·施尔博士通过对欧美博物馆的研究，认为世界博物馆的发展在 20 世纪 80 年代抵达顶峰，之后，进入相对平稳的状态。除新建博物馆外，博物馆快速发展的另一个表现就是，像宝尔博物馆一样，对原有博物馆进行扩建和增容。然而，不管是新建博物馆还是扩建原有博物馆，最为核心的都是对博物馆的传统功能和职能进行调整，以适应不断变迁的社会思潮和社会需求。

　　从社会思潮层面讲，"二战"以后，殖民体系崩塌，世界政治格局发生巨变，全球经济一体化使得文化的多样性、不同文化的对话和交流日益受到重视。引进异文化展览,不仅可以让公众常看常新,增加博物馆的影响力,扩大支持面,而且能更好地追求业界有识之士认可的"呈现多元文化价值"的终极目标。从社会需求层面讲,博物馆自身的发展,以及各种新型的、更具有吸引力的文化休闲机构的不断出现,都使得博物馆在大发展过程中遇到了激烈的竞争。这种竞争既包括同行业之间的竞争,也包括与其他旅游、休闲产业之间的竞争;既包括对公众的竞争,也包括对来自于政府及基金会等机构资金支持的竞争。这一切都使得博物馆不得不进行反思,不得不认真研究社会需要和公众需求。

也正是在这样的社会大背景下,宝尔博物馆改变了管理体制,进行了改、扩建,并通过对自身"既年轻且不具有世界级水平的藏品"的重新评估,着力与全球更有历史、更大型的机构建立合作关系。同时,调整了当初展示橙县地方历史的最初定位,转变为通过引进合作机构的藏品,展示世界上最优秀的艺术品,以适应全球化的趋势,进而培养人脉、凝聚人气。正是因为目标定位的改变,宝尔博物馆不仅增加了展示中国文化和大洋洲文化的常设展厅,还开始频繁引进全球各地的文化艺术展览。

如果说目标定位的改变是宝尔博物馆董事会选择举办中国

秦兵马俑展的前提条件，那 2007 年大英博物馆兵马俑展所创造的奇迹以及北京奥运会的举办，则是宝尔博物馆董事会决策的直接催化剂。

改革开放以来，中国经济、社会迅速发展，综合国力日益提高，在国际上的影响力也日渐增强。中国经济的腾飞及对世界经济的引领，被称为"20 世纪最后的奇迹"。更深入地了解东方这个神秘古老的大国，成为与中国打交道的所有有识之士的共识。2008 年 7 月，大英博物馆馆长尼尔·迈克格雷格在接受媒体采访时曾说，中国如何理解世界将成为未来 10 年大家要思考的基本问题。而要了解中国的发展，就不能不了解中国悠久深厚的传统文化。这也正如 2005 年 11 月，德国时任总理施罗德对在德国进行国事访问的胡锦涛主席所说的那样：目前中国经济的迅猛发展并不是孤立的，它来源于丰厚的中国传统文化底蕴。2008 年，举世瞩目的北京奥运会的成功举办，更使海外了解中国及中国传统文化的热潮升温。具有战略眼光的英国文化、媒体及体育部，将 2008 年定为"中国文化年"。在这一年中，各项与中国文化相关的活动密集举办，覆盖面相当广泛。这其中，仅大英博物馆在 2007—2008 年举办的中国文物展览和文化活动就包括：2007 年 9 月至 2008 年 4 月的"中国秦始皇兵马俑"文物展、2008 年年初的中国新

年庆祝活动、2008年下半年的"中国园林"露天特展等。

著名人类学家、博物馆学家玛西亚·瓦如蒂教授曾经对大英博物馆在2007—2008年密集举办中国文物展览和文化活动进行了分析，认为其原因既有旅游经济的需求、对消费者口味变化的满足、新的商业机会的推动，以及对英国华人团体重要性的重视，更有全球媒体事件如北京奥运会的即将举行，这些因素共同促成了大英博物馆对中国形象的设置。合适的举办时机，再加上成功的展览策划，2007年9月至2008年4月，大英博物馆的"中国秦始皇兵马俑"文物展获得了巨大成功。在6个多月的展览期间，参观纪录达到85万人次。

这一奇迹让全球博物馆都分外"眼红"，只是宝尔博物馆更敏锐地做出了反应，并快速地做出了决策。得益于早些年目标定位的改变，宝尔博物馆的决策者们很快就判断出兵马俑展览不仅与其核心目标密切相关，而且是一个能为其带来众多参观者、创造出更多经济效益的"优质"项目。而早先与大英博物馆及国内文博机构的合作，也使得宝尔博物馆很快就找到了合作办展的路径。"兵马俑：秦始皇的守卫"文物展项目几乎没费周折，就被列入了合作双方——宝尔博物馆和陕西省文物交流中心各自的展览计划中。

❸ 差点夭折的项目

宝尔博物馆决定选择举办秦兵马俑展览后，很快就通过早先已有良好合作关系的上海博物馆，接洽到了秦兵马俑故乡的相关文物管理部门，其中就包括陕西省文物事业的主管部门——陕西省文物局，承办文物出境展览的专门机构——陕西省文物交流中心，以及收藏秦兵马俑和秦代历史文物的主要单位——秦始皇兵马俑博物馆（现在的秦始皇帝陵博物院）。开始的接洽和筹备工作都非常顺利，中美双方商定：由宝尔博物馆牵头，在美国举办一个以兵马俑为主题的，分别在橙县宝尔博物馆、亚特兰大海伊艺术博物馆、休斯敦自然科学博物馆（Houston Museum of Natural Science）和华盛顿国家地理博物馆（National Geographic Museum）的四站巡展，展期从 2008 年 5 月至 2010 年 4 月，展览以在大英博物馆展出的展品为基础，只是规模从 120 件（组）缩为 100 件（组）。到 2007 年年底，双方的协议草案已经签署，给国家文物局的举办展览的正式申请文件也已经上报，一切都在有条不紊地进行。就在这当口，2008 年 1 月，发生在宝尔博物馆的一件事情，突然让宝尔博物馆处于舆论的风口浪尖，也让陕西省文物局及文物交流中心对是否继续举办这个展览产生了不同意见,甚至考虑打算终止这一项目。终止一项赴境外的文物展览项目,先不说早先双方的各种投入,就是不管是从双方合作的诚信原则上讲,还是从"外事无小事"的对外工作原则上讲,这都不是一个轻松的抉择。那到底发生了什么严重的事,让中方的主办单位产生了这样的想法,使"兵马俑:秦始皇的守卫"文物展项目差点夭折了呢?

原来,数年以来,美国警方一直在调查一个艺术品走私案,并顺藤摸瓜找到了南加州地区艺术品走私的可疑者,以及收藏涉嫌走私文物的包括宝尔博物馆在内的5家博物馆。经过几年的卧底跟踪,由美国国税局、移民局和国家公园局官员组成的调查组,采取联合行动,对这5家博物馆同时进行突袭。2008年1月24日清晨,凛凛的寒风中夹着密密飘洒的雨水,联合调查组突然封查了宝尔博物馆,并对宝尔博物馆一些永久藏品的来路进行调查。这件事经媒体曝光后,一时间,舆论哗然。正所谓"好事不出门,坏事传千里",这个消息很快传到了中国。中国是近代以来长期饱受文物被盗和贩运之苦的国家,以及1970年联合国教科文组织《关于禁止和防止非法进出口文化财产和非法转让其所有权的方法的公约》的缔约国,陕西省文物相关部门的反应,也在情理之中。

联合国教科文组织《关于禁止和防止非法进出口文化财产和非法转让其所有权的方法的公约》旨在禁止和防止文化财产的非法进出口和非法贸易，从而为其成员国保护其文化财产免受掠夺和非法贩运提供有效的国际合作机制。由于长期奉行贸易自由主义，美国成为世界上最主要的文物市场国之一。面对日益严重的文物劫掠对人类共同的文化遗产构成的严峻威胁，美国积极参与了联合国教科文组织 1970 年公约的起草和谈判，并成为支持该公约的第一个文物市场国，在很长时间里甚至是支持该公约的唯一的文物市场国。

然而，实际上，美国国内对实施文物进出口管制以及为文物资源国提供协助影响美国获得他国文物的利益的问题，在很长时间内都存在着较大分歧。公约的支持者主要来自考古学家和研究学者，而反对者则主要来自博物馆及古董商和拍卖公司。直至 1983 年，美国总统才批准了该公约，该公约也才从此在美国具有了国内法的效力。但是，因为该公约的实施直接影响着文物市场的交易以及博物馆藏品的获取，所以，主要通过购买和捐赠获得藏品的美国博物馆界对抵制文物非法贩运持消极态度。所以虽然该公约在美国已经生效，但在实践中并不能令行禁止。著名的盖蒂博物馆也因收藏非法盗运文物惹过麻烦，其前藏品负责人玛丽昂·特鲁在2005年就因涉嫌收购从意大利非法挖掘的文物而被判入狱。另外，纽约大都会博物馆、克利夫兰艺术博物馆等美国著名博物馆，也都曾因为不得不给文物原属国归还那些"带有污点"的藏品而蒙受巨大的经济损失。这些惨痛的教训，使得美国博物馆馆长协会终于在2008年通过了关于考古文物收藏的严格规定。之后，抵制收藏不明来历的文物艺术品，才愈来愈成为美国博物馆界的共识和行业自律的准则。2008年年初，宝尔博物馆及其他4家博物馆被查是否收藏有可疑藏品一事，正好就发生在美国博物馆馆长协会即将通过考古文物收藏的严格规定的前夕。

陕西方面对是否继续举办兵马俑展览的迟疑，使得宝尔博物馆所面临的形势异常严峻，如果"兵马俑：秦始皇的守卫"文物展胎死腹中，对宝尔博物馆来说无异于雪上加霜，除了要蒙受巨大的经济损失，跟另外3家巡展博物馆多年形成的良好合作关系，以及对公众的公信力（宝尔博物馆早已发布了展览预告）都面临挑战。董事会的压力、合作伙伴的压力、博物馆公众形象的压力，使得宝尔博物馆管理层不得不竭尽全力进行危机公关，而其中最为重要的就是赶紧派人飞抵中国，向相关部门说明情况，并请求继续支持该展览项目的进行。

宝尔博物馆向中方解释说，其所涉嫌收藏的走私文物主要来自泰国,其馆藏的中国文物并未涉案,而且那些所涉文物都是以前的收藏,他们早已经停止了对考古发掘品的收藏,转而专注于组织国外博物馆展品进行展览。他们还表达了遵守联合国教科文组织 1970 年公约精神、支持保护人类共同的历史文化遗产、和政府合作归还那些走私文物的良好意愿。2014年 11 月,这一事件最终尘埃落定,宝尔博物馆将 524 件涉案的文物归还给了泰国,从而换得了对其涉案职员一定程度的有罪从轻指控。当然,这些都是后话了。

鉴于宝尔博物馆的积极态度,也出于对宝尔博物馆涉案事件以及举办兵马俑展览意义的综合评估,陕西方面就没有继续坚持终止展览项目的打算。而从展览的审批机关——国家文物局层面来说,还有另外一份考量。

1999 年,根据《关于禁止和防止非法进出口文化财产和非法转让其所有权的方法的公约》的精神,经国务院批准,中国国家文物局通过外交途径正式向美国政府提出限制进口文物的要求。2002 年,中国政府向美国政府递交了附有限制进口"文物举要"的《中华人民共和国政府为保护其文化遗产按照联合国教科文组织公约向美国政府提出限制进口文物之申请》。中国的申请引起了美国公众的强烈关注,媒体也纷纷对此进行报道。2005 年,美国文化财产咨询委员会按照法律程序召开了两次听证会，邀请了多位在中国考古艺术领域有影响力的人士参加，还派出人员到中国进行实地考察，了解中国文物保护的情况。但在听证会上，反对者明显多于支持者。此后，咨询委员会向美国国务院提交了书面报告。2006年，美国国务院做出推迟受理中国所提出的限制中国艺术品以及文物进口要求的决定。

反对者的声音主要来自博物馆、古董商和拍卖公司。他们认为中美关于限制中国文物进口的协定对减弱对中国文物的劫掠起不到明显作用，中国不能有效地保护自己的文化财产，中国国内的文物市场规模在不断扩大，香港的文物市场也没有得到很好的控制，且规模都已经超过了美国的文物市场。他们还认为，协定不利于美国博物馆进行中国文物收藏，不利于博物馆进行学术研究，也会影响到国际文化交流，因为从当时中国文物展览进入美国的情况来看，其规模和数量还替代不了美国各博物馆每年增加的中国文物收藏。

2006年，在美国国务院做出推迟受理中国要求限制中国文物进口申请的决定之后，中国政府及相关部门明确地认识到，制定有效的文物保护措施，加强对自身文物市场的监管，完善文物进出口制度，加大在美国举办文物展览的力度以满足美国公众不断欣赏中国文物的需求，促进两国之间的文化交流,才是打破中美关于限制中国文物进口谈判僵局的解决之道。之后,中国政府着力通过改善国内文化遗产保护环境,加大赴美举办文物展览、研讨会等多种方式,积极与美国有关博物馆、文化遗产保护人士沟通。2009年1月14日,中美两国政府代表终于签署了关于限制进口中国文物的谅解备忘录。

2008年年初,在宝尔博物馆发生涉嫌收藏泰国文物的风波事件以后,国家文物局还能批准其继续举办"兵马俑:秦始皇的守卫"文物展,放在这样一个大背景下去考量,就容易理解了——加大赴美举办中国文物展览的力度,有助于促成中美关于限制中国艺术品以及文物进口要求谈判的进行,有助于美国这个世界上最主要的文物市场国抵制对中国文物的进口,有助于从源头上遏制对中国文物的非法盗运。

"兵马俑:秦始皇的守卫"文物展于2008年5月18日如期在美国开幕。那时,中国"5·12"汶川大地震刚刚发生几天,宝尔博物馆董事会主席在开幕典礼上宣布了将通过国际红十字会向四川灾区捐款10万美元的决定。这一举动无疑是宝尔博物馆对中国方面在他们遭遇困境之后继续支持他们办展所表示的感谢,也是他们力图重树公众形象的一种努力。

❹ 文化的使者

"兵马俑：秦始皇的守卫"文物展虽然在筹办过程中经历了这么大一场风波，但结果还真应了那句"好事多磨"的古话。而宝尔博物馆能化解危机，不遗余力推动"兵马俑：秦始皇的守卫"文物展项目继续实施，是因为宝尔博物馆聚集了一批坚信中国文化魅力、热心弘扬中国文化的使者。

皮特·凯勒博士自1991年，也就是20世纪80年代末90年代初宝尔博物馆历史上最重要的发展与变革时期起，就出任宝尔博物馆的馆长和执行长官。凯勒博士是一位矿物学家和宝石研究专家，曾先后担任洛杉矶县立自然历史博物馆（Los Angeles County Museum of Natural History）矿物学组馆员、美国宝石学院教育部主任、洛杉矶县立自然历史博物馆副馆长。自1991年加入宝尔博物馆之后的20余年间，他主持完成了博物馆的两次拓建，包括20世纪80年代末90年代初那次，以及2006—2007年最新的这次。他和他的团队一起，重新确立了宝尔博物馆的办馆目标和宗旨，即将以收藏和展示橙县历史相关物品为主的办馆方针转变为展示世界上最优秀的艺术品，从而使宝尔博物馆成为区域文化的中心。在他的领导下，宝尔博物馆通过策划大型展览，与全球许多大型博物馆建立了合作伙伴关系，其中一些展览不仅在美国国内引起了巨大反响，还在世界各地进行了巡展。

凯勒博士对中国文化很了解，也很热爱，已经访问中国60余次。在他任职期间，宝尔博物馆除举办了多项中国文物展览之外，还积极在中国推出美国的文化、文物展，这其中就包括在上海博物馆推出的大型宝石展，及在北京世界艺术博物馆推出的"美利坚古文化"展等。他之所以致力于文化、文物展览的引进和输出，就如他在参加2009年博物馆馆长论坛暨亚太地区博物馆策略联盟"文化政策与博物馆管理"国际学术研讨会之"金融风暴下的博物馆因应之道"专题讨论时所阐述的那样：这是宝尔博物馆面对新的社会环境所选择的生存策略，而这一策略又与博物馆的核心价值密切关联，那就是让不同文化的人通过欣赏来自不同文化的艺术品，在深化自我认识的同时，进一步增进对他者的理解和尊重。

而宝尔博物馆在从2000年至今的短短十几年间，能举办10多个中国文物展览，成为南加州地区著名的"中国文化之窗"，还与宝尔博物馆董事会主席施刘秀枝女士的大力推动关系密切。

作为"兵马俑：秦始皇的守卫"文物展宝尔站撤展工作

组的一员,到圣塔安娜市的当天,我就跟施刘秀枝女士匆匆见了一面。之后,她就乘坐与我们来美国时那架飞机的返航飞机来中国洽谈其他合作项目了。虽然初次见面,没有太多的交流,但她的感染力、亲和力和决断力还是给我留下了深刻的印象。而后来在宝尔博物馆撤展期间听说的关于她的故事,以及随后几年陕西方面与宝尔博物馆之间更多合作

作者2011年再访宝尔博物馆时与董事会主席施刘秀枝女士、馆长凯勒博士合影

和交流中与她的接触,则一遍遍印证着、丰富着我对她的最初印象。

施刘秀枝夫家姓施,是清初收复台湾的著名将领施琅的后代。她本人出生和受教于台湾,1978年随丈夫——台湾知名企业家施隆盛移民到了美国。她凭着热情、执着和献身的精神,从博物馆的志愿者开始做起,一直做到了博物馆董事会副主席、主席,而且还是美国博物馆历史上第一位华裔女性博

物馆董事会主席。在西方国家，要成为博物馆的董事会成员，必须具有较高的社会地位和较强的社会影响力。而且，这份工作没有薪水、责任重大，如博物馆的发展方向、人事任免等重大事宜都要由董事会来决定。而为博物馆发展募求资金支持，更是每个董事会成员，尤其是董事会主席的主要职责。

在美国，举办文化展览的经费主要靠博物馆四处筹集。而博物馆之所以能筹集到经费，得益于其法律规定和社会环境的支持。根据美国联邦的税法，类似博物馆这样的非营利文化团体，可以接受社会捐赠，而捐赠者可以用捐赠的物品或款项抵扣其所应缴纳的税款。所以，博物馆每年都要举行筹款晚会，动员各界人士捐款、捐物，或为博物馆客人免费提供各种消费服务，如航空机票、酒店住宿、餐饮券等等。施刘秀枝是宝尔博物馆著名的"筹款大师"，她凭借其亲和力、感染力和说服力，一次又一次把所需的款项筹集到手。如果筹集的钱不够，"施太"就请施先生掏钱补上。为了"兵马俑：秦始皇的守卫"文物展，她动用了多年的朋友关系，设法打动了包括路易斯·威登等在内的许多知名企业的老板，从而获得了 200 万美元的赞助。除此之外，在博物馆为展览举办的筹款晚宴上，她还自掏腰包认买了 10 桌。

除了作为董事会成员为宝尔博物馆的发展积极募集资金

之外，施刘秀枝还利用自身作为华裔的便利条件，积极奔走于中美之间，为促成展览和其他合作劳心费力。从1995年至今，她来中国大陆已经180余次了。特别让人感动的是，前几年她被查出患有癌症时，也未曾中断推动展览和合作的来回奔波。除了推动合作举办文物展览之外，施刘秀枝促成的宝尔博物馆与上海博物馆连续几年合作举办的美国青少年志愿者活动，也产生了非常积极的效果。参加这个活动的青少年一半是土生土长的美国孩子，一半是在美国出生的华裔后代。在上海参加完一个月的活动之后，土生土长的美国孩子了解了中国文化，而华裔的孩子则增加了民族自豪感和文化认同感，觉得自己的祖先很了不起，知道了自己的民族还有那么优秀的文化。一位参加了这个活动的华裔后代的母亲亲口对我们说，自从她儿子参加了一次志愿者活动后，她在家庭中的地位都明显提升了，她觉得为儿子出钱参加这个活动太值了！此外，我们还听说，在"施太"的带动下，她的堂弟媳妇、"颜太"，还有周围很多的中国人都在宝尔博物馆做"义工"，或者做其他推动中美文化交流的事情。

正是因为施刘秀枝在推动中美文化交流方面的杰出贡献，2011年，陕西省文物局颁予她"陕西文化遗产大使"光荣称号。在美国，她也获得了许多荣誉：她多次被宝尔博物馆评为年度杰出人物，2006 年被评为橙县最具影响力人物之一。2017 年 5 月，她更是荣获了被认为是美国各行业各族裔移民最高荣誉的"埃利斯岛杰出移民奖"。该奖主要表彰那些在融入美国社会的同时，又能保持自己族裔文化的美国公民，其获得者都是来自不同族裔的社会各界的优秀移民代表。历届获奖者除 7 位美国总统外，还包括国务卿、高等法院法官、国会议员、著名将领、诺贝尔奖得主、成功企业家、社区领袖、文艺体育明星等。

正是因为馆长皮特·凯勒、董事会主席施刘秀枝等人的热诚、信念和努力，兵马俑的魅力在宝尔博物馆以及此次参

宝尔博物馆董事会主席施刘秀枝女士在获得"陕西文化遗产大使"荣誉后致辞

加巡展的另外 3 家博物馆都得到了尽情绽放。这个展览的成功给了宝尔博物馆一个坐标，所以，皮特馆长不由得问自己，同时也在寻求回应：下一个展览做什么，才能继续"兵马俑：秦始皇的守卫"文物展的辉煌？

❶ 普通人眼里的兵马俑

如果说宝尔博物馆决策层选择举办兵马俑展览是出于一种理性，那普通人对兵马俑的热爱和追捧，则是兵马俑自身魅力的最好体现，也是其之所以成为中国传统文化符号的最好说明。

汤小姐是宝尔博物馆为兵马俑展专门雇佣的一位临时职员。她在台湾出生长大，到美国已多年。因为同文同种的关系，我们到宝尔博物馆后很快就与汤小姐互相熟悉了。一天聊天时，她突然深情地对我们说："我好舍不得这些兵马俑离开啊！每天中午休息时我都会抽空去看看它们。我每次面对他们时都好感动耶！"虽然从她的眼神中已读到了她那真诚的感动，但我还是不太理解她为什么如此。她解释说："你想想看，他们是 2000 多年前的真品呀，是我们的祖先用手一点一点做出来的呀！"她还告诉我们，兵马俑在宝尔博物馆展出的几个月里，虽然宣传咨询并不是她的分内工作，但每当中午休息时，她都会在展厅里忙前忙后，为那些参观兵马俑展的游客发放印有展览相关活动安排的宣传册，为那些看起来收入并不高的游客推荐星期五下午的免费参观活动，使这些人可以再带家人或朋友来免费欣赏这些精美的艺术品。她还问了我们一个奇怪的问题："有没有人跟你们说他们梦见秦俑时，秦俑会和他们说话？"乍一听到这个问题，我不由得上下打量了一下汤小姐，心里怀疑她是不是有点"走火入魔"、神经兮兮了。但随着交谈的深入，我知道我错了，兵马俑真的是让汤小姐魂牵梦萦了。

兵马俑深深地触动了汤小姐，而汤小姐深深地触动了我。通过兵马俑，汤小姐真切地感触到了历史的宏阔和文化的永恒。站在2000多年前的兵马俑面前，30多岁的汤小姐的思绪一定飞了很远，她的想象也一定重叠了许多画面。而且，这些穿过深邃的时间隧道，跨过宽阔浩瀚的太平洋的精美艺术品，还是自己祖先的智慧之作！这让身处异乡的汤小姐产生了一种深深的情感联系。历史与现实，世界与自己，就在这些兵马俑前，瞬间有了一种实实在在的关联。所以，兵马俑让她魂牵梦萦；所以，她在梦中与兵马俑对话。对汤小姐而言，这些兵马俑的到来，让她自豪荣耀，因而她热情主动地向游客介绍这些来自家乡的"客人"，与游客分享自己心里满满的幸福。

而兵马俑的离去，则让她怅然若失、恋恋不舍，好像亲人要离去一般。

跟汤小姐的交谈让我对过去熟视无睹的兵马俑有了重新认识的冲动。第二天再到展厅工作时，我特意走到那些巍然挺立的兵马俑塑像前，凝视着它们，试图体验兵马俑带给汤小姐的那种心灵冲击。

过去，跟大多数人一样，我对兵马俑的认识，也主要是那种从远距离、大场面中获得的震撼感。虽然也有机会近距离接触兵马俑，但大多数时候，兵马俑只是我和同事们的工作对象，而不是观赏或对话的对象。所以，对我而言，从未有机缘像在宝尔博物馆那样，与兵马俑静静地、面对面地真正相处。

得益于西方博物馆展厅的开放式展陈方式，宝尔博物馆的兵马俑不管是高度、距离，还是360度的观赏角度，都是最适合游客观赏的。当时，展览已经闭幕，静谧的展厅里，灯光依旧柔和，在暗黑色的背景里，经过精心设计打在兵马俑脸上和胸前的橘黄色暖光，让兵马俑的形象格外清晰饱满、栩栩如生。各式各样的发髻、眉眼、胡须，再结合不同的面部表情、不同的服装式样和动作形态，一个个身份不同、性格各异的秦代文官、武士和乐人，仿佛被赋予了生命，神采奕奕、鲜活生动地出现在了我的面前。我第一次真切地感受到了兵马俑的美!

　　毫无疑问,兵马俑展览是目前国际文物交流展览中最受欢迎的项目,迄今已走进过百余座博物馆,而且每一次展览的参观人数都在各博物馆展览记录中名列前茅。曾经有人担心,兵马俑军团这么频繁地出行,会不会影响国外游客前来现场参观,会不会影响陕西的旅游发展。当我就这个问题咨询国外的朋友时,他们都坚定地说,绝对不会,展厅参观和现场参观是两种完全不同的体验,两者是不能互相代替的。而且,在博物馆的展厅观看了兵马俑之后,还更容易萌发去现场寻踪的念想呢!当我在宝尔博物馆与这些兵马俑面对面的时候,我从心底相信了这种说法。秦兵马俑之所以能被称为"世界第八大奇迹",就在于它既有局部的精雕细刻,又有宏观场面和总体效果上的雄浑博大。正是因为秦兵马俑把整体与个体、宏观场面与微观细节进行了有机结合,从而产生了经久的感人魅力。

　　在异域的博物馆展场,我无意之中对兵马俑有了一个新的观赏视角,产生了一些过去从未有过的认识,这也算是一个意外之喜了!

不容错过的展览

美国海伊艺术博物馆『中国秦始皇兵马俑』文物展

作为2008年5月至2010年4月兵马俑四站巡回展览的第二站,亚特兰大海伊艺术博物馆(简称海伊博物馆)的"中国秦始皇兵马俑"(The First Emperor: China's Terracotta Army)文物展不仅在2008年11月至2009年3月近5个月的展期中创造了40多万人的参观纪录,成为此次四站巡展中参观人数最多的展览,而且被美国《时代周刊》评为2009年"不容错过的十大展览"之一。而对于因参与了该展览的布展工作,在海伊博物馆工作了20天的我来说,留在记忆深处的则是那清晰丰满的展览内容诠释、纯净简约的展览形式设计、声势浩大的展览宣传活动,以及对文化艺术满怀挚爱之情的亚特兰大民众。

❶ 清晰丰满的展览内容

完成了展览第一站——加利福尼亚州橙县圣塔安娜市宝尔文化艺术博物馆的撤展工作后，我们工作组一行三人于2008年10月25日下午乘坐飞机来到了位于美国东南部佐治亚州的首府亚特兰大市。海伊博物馆位于市中心区的桃树街，我们被安排住进了博物馆对面不远处的假日公寓酒店。10月26日是个星期天，我们休息了一天，熟悉了一下周围环境，购买了一些食品和生活用品。10月27日，我们便开始了忙碌的文物开箱、点交和上展工作。一直到11月7日，所有的文物就位，辅助展品安置停当，灯光调试完毕。我徜徉在将历史文物的内涵之美和现代设计的形式之美完美结合的宽阔展厅里，不由得感慨，一个西方的艺术博物馆对中国历史文化之美的理解竟是这样深刻,并呈现得如此完美。

海伊博物馆是佐治亚州乃至美国东南部地区最重要的艺术博物馆,其历史要追溯到 1905 年成立的亚特兰大艺术博物馆。1926 年,海伊家族将他们位于桃树大街上的家族宅邸捐赠给亚特兰大艺术博物馆。博物馆从此改名为海伊艺术博物馆。经过 100 多年的发展,博物馆的藏品涵盖了 19 世纪和 20 世纪时期的美洲艺术、欧洲艺术、装饰艺术、非洲裔美国人艺术、现代和当代艺术、摄影艺术和非洲艺术等几大类。其常设展览展出 1.5 万余件藏品,每年的参观者大约为 50 万人。

绝大多数巡回展览在内容上都是一致的,只在形式设计上根据各自的展厅条件和结构进行适当的变更。而在此次兵马俑的四站巡回展中,海伊博物馆不仅对展览形式进行了全新的设计,展览名称和展览内容设计也都与其他 3 家博物馆完全不同。海伊博物馆的展览名称为"中国秦始皇兵马俑",而其他 3 家的展览名称则为"兵马俑:秦始皇的守卫"。展览名称是展览的灵魂,是展览主题的最集中体现,即便展品相同,展览名称不同也显示出不同的故事线和诠释方式。

海伊博物馆的"中国秦始皇兵马俑"文物展的展厅为一平面呈"凸"字形的无柱无墙区隔的开放式空间。设计人员用高高的隔板将之分成序厅、主厅和尾厅三个区域,其中序厅和尾厅都开在"凸"字形的底边上，序厅在右，尾厅在左。参观路线为一逆时针的环形路线。进入序厅，柔和的聚光灯下，在展厅中央约半米高的台座之上，一件跪射俑蓄势待发，昂然迎视着前来观展的八方游客。序厅左边墙上印有《史记·秦始皇本纪》中司马迁对秦始皇的评价，右面墙上悬挂的卷轴上是题目为"秦始皇"的一段文字说明。序厅里这唯一的展品连同左右墙上的简洁文字，共同向参观者介绍着这位影响了中国2000余年历史的"千古一帝"以及由他所开创的帝国体系和他所构想的地下王国，并向参观者发出邀约，一起去探索秦帝国的兴衰和秦始皇地下王国的奥秘，以及其背后深层次的社会原因和

海伊博物馆"中国秦始皇兵马俑"文物展序厅

思想观念。

　　从右手两面隔墙所形成的门道中间穿过，就进入了展览的主厅。展览的主体叙事分为三个单元，每个单元之间都用隔墙进行了区分。第一单元为"秦国的崛起和天下一统"，通过"战国时代"和"统一天下"两个小节，用各种武器和与战争相关的物品，辅之以表现秦军英勇善战、征服六国的电视短片，展现了秦始皇在几代先王们励精图治、开疆拓土的基础上，凭借秦国精良的武器装备、严格的军队管理、赏罚分明的奖惩机制，率领秦人横扫六和、一统天下的丰功伟绩。第二单元为"秦始皇和秦帝国"，通过"帝国标准""秦文化""秦国宫殿""峄山刻石""追求永生"等几个小节，用各类文物，以及秦咸阳宫模型、峄山刻石拓片和后世人以云雾缭绕的仙山为主题创作的画作的放大照片等，展示了秦始皇为加强统一、巩固政权所采取的设置郡县，统一文字、货币和度量衡的政策，所实施的修筑长城、驰道和直道以及咸阳宫的工程，以及为宣示威权、昭告天下、祈求永远主宰天下所进行的巡游四方、封禅刻石、寻求长生不老等活动。第三单元为"秦始皇陵：死后世界"，通过"秦俑的发现""秦始皇陵""兵马俑的制作""天下的主宰"等几个小节，用各类兵马俑、两辆复制的铜车马、兵马俑制作模型、一号坑的巨幅照片等，展现了秦俑发现和研究的历史、秦陵的范围和布局、秦兵马俑的制作，以及秦始皇陵所反映的秦人的生死观和宇宙观。

从主厅继续向左拐就进入了展览的尾厅，尾厅展示的内容为"秦陵新发现及其未来"，通过展示秦始皇陵最新考古发现的青铜水禽、乐俑、石铠甲及盔甲，介绍用遥感、物探等科技手段所获得的关于墓冢结构、陵墓周围汞含量、陵区的阻排水系统等最新的研究成果，引导参观者去思考更多关于秦始皇陵的未解之谜。而将时任秦始皇兵马俑博物馆馆长吴永琪在展览图录里的一段话印在尾厅墙上作为整个展览的结语，则是对这一世界文化遗产未来保护的最好阐述："我幻想有一天，科学技术的发展会帮助我们看清地下的一切，使我们在科学保护文物的同时，能把秦始皇陵的神秘面纱轻轻揭开，而不会惊扰到正在沉睡的秦始皇帝和他那千年帝国。"

海伊博物馆的"中国秦始皇兵马俑"文物展的展陈，完全打破了传统的以时间顺序或器物类别分章节的简单陈列方式，而以"讲故事"的方式来进行展览内容编排。"故事"以时间为轴，从秦统一前到秦统一后，从秦始皇生前世界到死后王国，从秦始皇陵的过去发现到对其未来的展望——展览内容的序、主体、尾三部分之间，以及主体部分各单元之间的连续性和因果性,使整个展览形成了一条清晰完整且富有严密逻辑的故事线。而主体叙事每个单元各章节之间,采取的则是既独立又相互关联的"故事集"结构。独立是指每个小节各有其独立的子主题,关联是指这些子主题互相补充且共同呼应着每一个单元的大主题。各个单元里这种"故事集"一样的结构,使得展览内容的铺陈丰满而深入。清晰的故事线和丰满的故事编排,使得海伊博物馆的展览内容,不仅能不断激发参观者的兴趣,而且能使参观者在不经意间获得知识的增长和情感的满足。

作为一个既没有中国文物收藏也没有汉学研究背景的西方博物馆,海伊博物馆何以能将"中国秦始皇兵马俑"文物展的故事讲得这么精彩呢?作为美国东南部地区最重要的艺术博物馆,海伊博物馆也曾被2007年9月至2008年4月大英博物馆所举办的"中国秦始皇兵马俑"文物展所深深震撼,认为举办一个秦兵马俑展览能激发美国东南部民众对亚洲艺术的兴趣。更重要的是,他们非常认同大英博物馆对兵马俑展览的诠释。所以,在展览的内容设计上,海伊博物馆没有与此次巡展的其他三站保持一致,而是采取了和大英博物馆合作的方式。在征得中方合作单位的同意后,海伊博物馆使用了与大英博物馆展览一样的名称、内容设计、图录编排,乃至学术顾问团队。

大英博物馆对秦兵马俑展览的诠释得到了海伊博物馆的认可和采纳,经常被后来举办秦兵马俑展览的西方博物馆借鉴,展览策划的主创人员也在随后的几年中被举办秦兵马俑展览的博物馆聘请为学术顾问,这些都充分说明了大英博物馆秦兵马俑展览内容策划的成功。而这个成功的策展最主要得益于两点:一是秦陵的考古和研究,特别是20世纪末21世纪初的一些最新考古发现和研究成果,为展览提供了丰富的素材;二是大英博物馆强大的策展团队对展览素材进行了精彩的二次诠释和编排。

截至大英博物馆举办兵马俑展览之时,秦始皇陵的考古工作已经经历了三个发展阶段。第一个阶段主要是在20世纪60年代开展的调查与勘探工作。这一阶段的工作基本搞清楚了陵园的平面布局、封土的底边尺寸和高程、内外城墙的长度厚度以及内外城墙的部分门阙位置等。第二个阶段是20世纪70和80年代的发掘和研究。随着秦俑的发现,大规模的考古工作正式逐步展开,三个兵马俑坑相继试掘与发掘,陵园内其他重要遗址也有计划地勘探与试掘,从而使对秦陵考古遗存的认识的基本框架得以形成。第三个阶段就是世纪之交的考古发现和发掘。这一阶段主要发现了石铠甲坑、百戏俑坑、文官俑坑和青铜水禽坑这些包含全新的文化内涵的遗址。同时，利用遥感和物探等高科技手段对陵园和墓室开展了调查。40余年秦始皇陵的考古发现和研究成果，特别是第三阶段的考古新成果，为从不晚于2005年就开始的大英博物馆秦兵马俑展的策展工作提供了极其丰富且新颖的素材。虽然秦兵马俑从发现两年之后就频繁走出国门，成为各种综合主题文物展览中的明星文物，或者秦汉主题展览的重要组成部分，甚或成为兵马俑主题展览的主演，但是能意识到秦俑第三阶段发现成果的价值，并将之纳入秦兵马俑主题文物展览中，大英博物馆是较早的、具有学术眼光的博物馆之一。而且，从以秦兵马俑为主题文物展览的规模和其所包含的秦俑种类和数量上看，大英博物馆的秦兵马俑展览更是冠压群芳，不仅史无前例，而且由于2010年《秦俑出国（境）展览管理暂行规定》的出台，成为之后所有策划兵马俑出国展览时都会提及但却只能望而兴叹的经典案例。

对秦俑考古材料的精心选择和精彩诠释，是大英博物馆强大的策展团队集体智慧的体现。大英博物馆的秦兵马俑展览策划时，集中了英国乃至国际上研究中国文化最优秀的一些学者，如大英博物馆东方部前主任、时任牛津大学墨顿学院院长的杰西卡·罗森夫人，大英博物馆中国与朝鲜藏品部主任白珍女士以及中国玉器和早期文化研究专家卡罗尔·迈克尔森女士，还有英国伦敦亚非学院和牛津大学、美国普林斯顿大学和哥伦比亚大学、加拿大麦吉尔大学等众多国际一流大学和研究机构的多位学者。另外，大英博物馆还邀请了中方两位专家参与展览的筹备工作，一位是时任秦始皇兵马俑博物馆馆长的吴永琪先生，一位是具体负责秦陵第三阶段考古工作的段清波先生。这些学者或全程参与了展览的筹备工作，或参与了展览概念和框架的设计，或担任了围绕展览组织的学术讲座的主讲，或参与了展览图录的编撰。其中，10位专家，包括中方的两位专家根据展览图录大纲的统一规划以及各自的研究专长，承担了展览图录不同章节的撰写工作。各位专家在图录文章中的很多观点和研究成果，都成了构筑展览内容的重要源泉。而更重要的是，展览以及围绕展览所得的研究成果，并没有随着展览的结束而消失，而是通过展览图录的热卖和一再加印、学术讲座的举行，以及在此基础上更为深入广泛的研究而持续产生着影响。这种影响不管是在一般公众中间还是在学术圈里，在展览结束了10余年后的今天，依然清晰可辨。如作为展览学术顾问的罗森夫人关于中国艺术与考古研究的专著中文版——《祖先与永恒——杰西卡·罗森中国考古艺术文集》便在2011年出版了。文集的五个专题中，有一个专题就是探讨中国早期，特别是秦汉时期整体墓葬形式演变的。文集的"关于作者"部分介绍说，对中国墓葬结构发展的研究是"近年来"罗森夫人的研究方向，而文集中的文章"大部分完成于 2000 年之后"。所以，我们完全有理由推测，大英博物馆的"中国秦始皇兵马俑"文物展对罗森夫人的研究一定有相辅相成的积极作用。而作为一个在"中国艺术与考古领域最为杰出的西方学者之一"，罗森夫人的研究成果不仅对西方研究秦汉文化的学者或举办秦兵马俑的博物馆产生了深远的影响，而且也为中国学者的研究提供了一个可资借鉴的"他者"视角。

所以，与其说是 2008 年 5 月至 2010 年 4 月秦兵马俑美国四站巡回展的成功引起了北美博物馆界对秦兵马俑展览的追捧，毋宁说是 2007 年 9 月至 2008 年 4 月大英博物馆的"中国秦始皇兵马俑"文物展，开启了国际博物馆界秦兵马俑展览的新一轮热潮。而大英博物馆的秦兵马俑展之所以能成为秦兵马俑出境展览历史上的一座丰碑，其对秦兵马俑及秦文化的深度研究，以及在研究基础上对展览故事的精彩诠释和编排功不可没。这也应该是海伊博物馆欣然采用其设计内容，以及至今还被业界津津乐道的根本原因所在。

❷ 纯净简约的展览形式

2009年4月份，因工作调整，我开始在陕西省文物交流中心专门负责陕西省文物的出境展览工作。自那时起的七八年来，我们和境外的60余家博物馆合作举办过展览，其中以兵马俑为主题的展览就有20余个。每当国外同行与我们洽谈合作，商讨展览形式设计时，我都会以海伊博物馆的兵马俑展览形式设计举例，因为海伊博物馆纯净简约的展览形式在我脑海里留下了极其深刻的印记。

展览形式首先取决于展示的空间，而展示空间则取决于博物馆建筑。传统的博物馆建筑或由宫殿转换而来，或建成宫殿式样，以取其庄严宏伟之势。因这种古典博物馆建筑内部挑高过高，又因展示品大多被密密麻麻地置于展柜中，再加之不很充足的光线，以及建筑本身的固有格局，其展览经常会给参观者一种阴郁幽暗、沉闷呆板、缺乏活力的印象。而海伊博物馆现代化风格的建筑本身，首先为"中国秦始皇兵马俑"文物展提供了一个理想的展示空间。

作为伍德拉夫艺术中心（Woodruff Arts Center）建筑群的重要组成部分，海伊博物馆是整个亚特兰大，乃至美国整个南部地区最令人印象深刻的建筑。博物馆由四栋充满艺术性的白色现代建筑聚合而成,其中东翼的建筑是1983年由美国建筑师理查德·梅尔设计建造的,另外3座新场馆是2005年由意大利建筑师伦佐·皮艾诺设计建造的。理查德·梅尔和伦佐·皮艾诺都是世界著名的现代风格建筑的设计大师,他们在全球设计建造了许多地标性的公共建筑,也都曾获得建筑界的诺贝尔奖——普利兹克奖。两位大师还设计建造了很多著名的博物馆和文化中心,理查德·梅尔建造了洛杉矶的盖蒂中心(The Getty Center)、法兰克福应用艺术博物馆(Museum of Applied Art Frankfort)和巴塞罗那现代艺术博物馆(Barcelona Museum of Contemporary Art)等,他设计建造的海伊博物馆,使他成为普利兹克奖最年轻的得主。而伦佐·皮艾诺设计建造的蓬皮杜艺术中心(Le Centre national d'art et de culture Georges-Pompidou),以大胆活泼的风格及对现代科学技术同文化艺术密切关系的强调,成为现代建筑"高技派"最典型的代表作。

犹如其建筑外观所呈现的简约、纯净,海伊博物馆建筑的内部空间也呈现出简单、开阔、通透的特点,特别是用来展示"中国秦始皇兵马俑"文物展展品的空间,开阔规整,没有任何廊柱和墙体的阻隔,使得设计人员根据展览故事线随意区隔空间和设计参观动线成为可能。清晰的空间区隔与展览内容的结构有机重合，不仅有利于参观者明了参观的走向，也有利于参观者理解和把握展览叙事整体框架。而且，足够开阔宽敞的展览面积，也使展品不至于过分密集。疏朗有致的摆放，不仅保证了每件文物都不会被忽略，还能让绝大多数展品被360度观看。这样的展览布局既能有效疏导参观者，也使参观次要动线有所变化，不至于给参观者一种过分呆板僵化的感觉。

海伊博物馆秦兵马俑展共有100件（组）展品，其中既有体量比较大的兵马俑、铜车马、秦俑制作模型，也有体量中等的陶水管道、青铜水禽、建筑构件，还有体量很小的箭头、钱币、印章等。对于这些大大小小的文物，设计师既没有采用大通柜，也没采用小橱窗，而是采用了大台座和独立展柜两种方式进行展示。同时，根据其所表现的展览内容，进行不同的组合或做不同的展示。体量比较大的一般放置在大台座上裸展；体量中等的，有的放置在台座上裸展，有的放进独立展柜中，有的与体量较小的组合在一起放进展柜中；体量小的则全部与中等或小件的器物组合在一起放在独立展柜中。但不管放在台座上还是展柜里，都尽量减少"积木块"的使用，以减少多个块体上的小平面和棱角对参观者注意力的分散。如将8件俑和一件马放置在一个大台座上，以展现兵马俑的雄壮气势，而不是像其他博物馆那样每一件都有单独的台座，分开布置。如在展示秦代建筑的一个独立展柜中，放置了3件大小不同的展品，最大的五角形陶水管道和最小的铭文砖被直接放在展柜的基础台座上，而中等大小的秦代铺地方砖则被竖贴在铭文砖后部的背板上。这样的展示方式既平衡了最大最小两件文物所形成的视线落差，也减少了展柜内再放置小台座的杂乱。台座和展柜虽然外形简单，但工艺精良，简单的长方形和正方形，既进一步区分了展览空间布局和展品关系，也不会对突出和强调展品产生影响。

　　我对海伊博物馆秦兵马俑展设计的最深刻印象莫过于其对色彩的选择和使用。除了展厅顶部钢结构的格栅的浅灰色和地面木地板的浅棕色外，设计师主要使用了黑、红、白三种颜色。黑色是此次展览的主色调，背墙、台座和展柜的基座都使用了黑色。黑色向来是设计师最喜欢使用的颜色，用纯净的黑色做底色，更能突出不同材质展品自身的各种花纹，或因岁月剥蚀所留下的斑驳痕迹。而且，秦人尚黑，选择黑色为底色也与展览所表现的秦文化内涵非常契合。所有单元以及每个单元小节的文字都采用了红色。这些红色的文字则印在白色的卷轴上，悬挂在黑色的背板上。卷轴上说明文字的标题中英文兼用，而且中文字体更大更显眼的设计，也别具匠心。这种设

海伊博物馆兵马俑展主展厅中的兵马俑和铜车马（布展中）

计，从内容上看，与展览所要表现的中国文化内涵吻合；从形式上看，这些中国文化符号也能给西方参观者一种带有异域风情的新鲜感。而印在序厅、主厅以及尾厅墙上的几段文字，用的则是白色。这些像题记一样的白色文字在黑色的墙体上格外醒目。黑、红、白三种最基本的色彩，构成了这个展览简单但却富有表现力的主体色调。

展览空间、展品布局、展厅色彩共同形成了展览动线和展览环境。正是因为海伊博物馆"中国秦始皇兵马俑"文物展展览空间的简单，展品布局的规整，展厅色彩的单纯，使得展览动线清晰简洁，展览环境静谧雅致，从而深深地留在了我的心底。

❸ 声势浩大的展览宣传

在从洛杉矶飞往亚特兰大的飞机上，我们就从随机的杂志里看到了介绍海伊博物馆"中国秦始皇兵马俑"文物展的专门文章。下了飞机，在去酒店的路上，也不时能看到路边有展览的巨幅宣传广告。到了下榻的公寓，公寓前台也摆放着介绍展览的小折页。进了房间，房间里提供的杂志上也有展览的专文介绍。离博物馆越近，展览宣传的氛围越浓。从博物馆附近街道上频频出现的巨幅宣传广告，到博物馆建筑墙上的大型宣传画，从博物馆里摆放的复制兵马俑和各种展览宣传材料，到电梯里的不要错过"中国秦始皇兵马俑"文物展的信息提示，都让我们深切地感受到了海伊博物馆在展览宣传上的浩大声势。

展览开幕前，海伊博物馆及相关机构还在馆内外举办了好几场大型的展览宣传活动，我们被邀请参加了其中的三场。第一场是关于文物开箱和上展的宣传活动。10月30日，博物馆组织了多家新闻媒体，共同见证明星展品彩绘跪射俑开箱和

海伊博物馆及馆墙上的兵马俑展览宣传画

上展的整个过程。第二天,我们中方工作组的高级包装师、秦始皇兵马俑博物馆的方国伟先生和那件序厅里的跪射俑就共同占据了各大媒体的显要位置,热情邀约大家到海伊博物馆来共享这场文化盛宴。

我们参加的第二场活动是11月10晚全美华人协会为庆祝中美即将建交30周年的晚宴。时任中国驻美国大使周文重,全美华人协会主席李秀兰,"中国秦始皇兵马俑"文物展的赞助商,以及佐治亚州及亚特兰大市的政、商、文化各界代表共300余人出席了此次活动。周文重、李秀兰、乔治亚州参议员朱德森·希尔、众议员查莉丝·博德、亚特兰大市议会议长莉莎·波德斯、大亚特兰大商会总裁萨姆·威廉姆斯、美国联合包裹运送服务公司主席兼首席执行官斯考特·戴维斯等,纷纷上台致辞。时任美国总统布什、前总统卡特、乔治亚州州长桑尼·普度、联邦参议员约翰·艾萨克森、中国国务院侨务办公室主任李海峰等,也都发来贺电,祝贺中美即将正式建交30周年,祝全美华人协会举办的此次活动圆满成功。而庆祝"中国秦始皇兵马俑"文物展即将开幕,也是当晚活动的一项重要内容。陕西省文物局代表团团长、副局长郭宪曾在庆祝大会上致辞,他向各界来宾介绍了"中国秦始皇兵马俑"文物展的基本情况,并代表陕西文物局欢迎大家前去参观。对中华文化的认同,对兵马俑的期待,引得全场的华人华侨不断涌到陕西省文物局代表团和工作组围坐的这一桌。代表团成员、秦始皇兵马俑博物馆馆长吴永琪更成为大家目光追逐的焦点。

我们被邀请参加的第三场活动是11月11日在海伊博物馆举行的展览新闻发布会。美国当地时间2008年11月11日上午10点,北京时间11月11日晚上9点,"中国秦始皇兵马俑"文物展新闻发布会正式开始。美国前总统卡特先生和夫人、中国驻美国大使周文重夫妇、陕西省人民政府副省长景俊海、全美华人协会主席李秀兰女士等贵宾,以及陕西省人民政府代表团、陕西文物代表团、陕西旅游代表团等共同出席了新

美国前总统卡特、中国驻美大使周文重、陕西省副省长景俊海、海伊博物馆馆长萨皮尔在兵马俑展览新闻发布会上合影

闻发布会。

新闻发布会由海伊博物馆馆长迈克·E.萨皮尔主持。美国前总统卡特先生、中国驻美国大使周文重先生、陕西省副省长景俊海先生分别上台致辞。卡特先生回忆了他担任美国总统期间，与邓小平等中国领导人共同努力，恢复中美邦交关系正常化的往事，认为在中美即将建交30周年之际，中国陕西的"中国秦始皇兵马俑"文物展能够在亚特兰大举办，具有

特殊意义。周文重大使在致辞中说,文化交流是对外交往的重要方式,并特别提及当年邓小平和卡特先生签署联合公报的时候,他就站在邓小平身后,见证了中美关系正常化的重要一刻。陕西省副省长景俊海先生在讲话中介绍了陕西的概况以及陕西丰富的文物旅游资源,为陕西能够在中美建交30周年的特殊时刻,献上一个文物展览感到骄傲和自豪。

很显然,海伊博物馆的"中国秦始皇兵马俑"文物展已经不仅仅是一次普通的博物馆展览,不管是中方还是美方,都把它纳入了中美建交30周年的系列庆祝活动中。海伊博物馆馆长萨皮尔对举办展览的初衷的阐述也充分证明了这一点。他在展览图录的序言中写道:"中美关系正常化之门是由尼克松总统和基辛格博士于1972年开启的,而两国正式外交关系的建立则开始于1979年,是在一生都对中国怀着孩子般迷恋的卡特总统的任期内实现的。在庆祝中美建交30周年之际,海伊博物馆举办这样一个展览,可谓适逢其时。"

如果将全美华人协会盛大的庆祝晚宴和海伊博物馆隆重的展览新闻发布会放到当时美国的社会大环境中去考量,我们就更能理解这些活动的重大意义所在。2008年11月4日,美国新一轮总统大选落下帷幕。随着新一任总统、非洲裔美国人贝拉克·侯赛因·奥巴马的当选,许多人都关心在新政府领导下，具有战略影响和全球意义的中美关系未来会朝什么方向发展。许多有识之士希望通过自己的努力，推动中美关系向更加有益于两国人民利益，有益于世界和平、稳定与繁荣的方向发展，卡特总统就是其中之一。2009年1月1日是中美建交30周年的日子，在此前和此后一段时间，中美两国的相关机构组织了一系列的庆祝活动。卡特总统是1979年中美建交的积极推动者和实施者，中美建交是他在任期内所做的最引以为自豪的决策之一。作为佐治亚州出生并在任亚特兰大州长之后入驻白宫的总统，卡特先生回到佐治亚州的首府亚特兰大，借助"中国秦始皇兵马俑"文物展新闻发布会这个平台，再一次为推动中美关系积极健康地向前发展发声发力。而不管是全美华人协会举办的庆祝晚宴，还是海伊博物馆紧随其后举办的新闻发布会，都充分反映了中美政、商、文化各界有识之士希望美国新一届政府继续推进中美双方对话、交流、合作的良好愿望。作为海伊博物馆"中国秦始皇兵马俑"文物展工作的参与者和这些围绕展览所举行的宣传活动的见证者，我深深为我们文物展览在传播中华历史文化的同时，通过这种民间组织的交流和沟通所发挥的公共外交功能而感到由衷地骄傲和自豪。

❹ 热爱文化艺术的都市

"中国秦始皇兵马俑"文物展能在海伊博物馆顺利展出，跟几家全球赫赫有名的、总部位于亚特兰大的大公司的支持密切相关。海伊博物馆馆长萨皮尔在展览图录序言中记述了他与世界排名第三的国际快递公司——美国联合包裹运送服务公司的时任首席执行官迈克·埃斯库的一次谈话，并说是埃斯库建议他访问兵马俑的故乡——西安，同时答应为他的访问提供支持。之后，是美国联合包裹运送服务公司公共事务部副总经理阿涅·怀曼帮海伊博物馆安排了与中国人民对外友好协会的接洽与会面，从而使海伊博物馆与中方接触，探讨举办兵马俑展览的可能性。最后，美国联合包裹运送服务公司还作为"中国秦始皇兵马俑"文物展项目的主要合作者，承担了展览展品的包装运输工作。美国民航业排名第三的达美航空，以及涵盖娱乐、体育和新闻，拥有像美国有线电视新闻网等众多知名媒体的透纳广播系统股份公司，也都是"中国秦始皇兵马俑"文物展的赞助者。很显然，没有这些知名公司和机构的鼎力支持，海伊博物馆能否在2008年举办秦兵马俑文物展，就着实很难猜测了。

之前，我对亚特兰大的最主要认知，就是1996年的夏季奥运会曾在这个城市举办。来到亚特兰大后我才知道，这个城市是多么充满生机与活力。凭借其良好的商业环境、优秀的人才储备以及世界一流的基础设施等众多无以伦比的优势，亚特兰大吸引了上百家全球知名的大公司将其总部设在这里。除了美国联合包裹运送服务公司、达美航空和透纳广播系统股份公司之外，还有可口可乐、家得宝、假日酒店及南方贝尔等。另外，全美 500 家大公司中有 430 家都在亚特兰大设立了分公司。亚特兰大的 1800 多家工厂生产包括飞机、汽车、家具、纺织品、化学原料、食品、纸、钢铁等在内的 3500 多种产品。再加之无缝连接的海陆空运输和物流网络体系，以及全美最大的电视和广播产业等，亚特兰大成为一个经济成分多元、经济实力雄厚的城市，被誉为"新南方之都"。

亚特兰大还是一个具有深厚历史文化底蕴、名人辈出的城市。1837 年，亚特兰大建市。南北战争期间，亚特兰大作为南方重要的军事物资集散地，曾发生多次重要战役，城市也在战争中严重受损。战后，城市重建，并于 1868 年成为佐治亚州首府。20 世纪初，经济大发展，人口迅速增加，亚特兰大也不断扩大。这个经济发达、文化底蕴深厚的城市涌现出过不少杰出人物。1936 年，出生并成长于亚特兰大的著名作家玛格丽特·米切尔，根据从幼年时起就不断听说的南北战争故事和战后重建历史,以及自幼对美国南方地区风土人情的了解,创作出版了著名长篇小说《飘》。作为美国文学史上具有划时代意义的巨著,《飘》被翻译成 29 种文字,在全世界的发行量仅次于《圣经》,并于 1937 年获得了普利策文学奖。诞生于亚特兰大的美国著名黑人领袖马丁·路德·金,以其领导的为黑人谋求平等、实现美国社会的平等和多样性为目标的民权运动,使亚特兰大市成为美国民权运动的中心,也使得他本人于 1964 年获得了诺贝尔和平奖,成为享誉美国历史的几个最重要的伟大人物之一。出生于佐治亚州的美国前总统卡特,其主要政治生涯也是从亚特兰大市开始,并进而入主白宫,成为美国第 39 任总统的。卸任后,卡特总统还到处奔走,协调国际冲突,倡导民主和人权,从而在国际上赢得了比在任时更大的声望,并于 2002 年获得了诺贝尔和平奖。

　　雄厚的经济基础和浓厚的历史文化氛围,使亚特兰大的工商企业对文化艺术的热爱程度和支持力度都非同一般。他们对文化艺术机构的支持,我们从海伊博物馆的发展历程中,也可略见一斑。

　　1926 年,亚特兰大艺术博物馆搬迁,改名为海伊艺术博物馆,其早期最重要的藏品来自亚特兰大收藏家 J. J. 哈沃特组织的中央艺术画廊(Grand Central Art Galleries)的诸多展览中。后来，哈沃特的收藏品都被海伊博物馆所收藏，并成为其常设展览的重要组成部分。

正当一切似乎都在稳步向前发展的当口，海伊博物馆，或者说亚特兰大乃至整个美国艺术界，却意想不到地遭受了一次重创。1962年6月，海伊博物馆按照惯例，组织了106名亚特兰大艺术赞助人去欧洲考察，然而，6月3日，发生在法国巴黎的一场空难夺走了全部乘客和机组人员的生命。这106名艺术赞助人，集中了亚特兰大最为显赫的一些家族的成员。为了纪念逝去的人们，整个城市再次为艺术聚力，成立了亚特兰大艺术联盟（Atlanta Arts Alliance），并于1968年建成了亚特兰大艺术纪念中心（Atlanta Memorial Arts Center）。1982年，在可口可乐公司总裁罗伯特·W.伍德拉夫先生的慷慨捐助下，亚特兰大艺术纪念中心得以大规模拓展，并改名为伍德拉夫艺术中心。目前，亚特兰大艺术联盟是亚特兰大，乃至佐治亚州最重要的文化艺术组织。其旗下的联盟剧院、亚特兰大交响乐团及音乐厅、亚特兰大艺术学院及海伊博物馆都是伍德拉夫艺术中心的组成部分。

截至目前，伍德拉夫艺术中心最重要的两次扩建都与海伊博物馆有关。第一次是1983年，美国著名建筑师理查德·梅尔设计建造了现在博物馆的东翼大楼；第二次是2005年，除建造了酒店、餐馆、雕塑工作室和停车场外,还由意大利著名建筑师伦佐·皮艾诺设计建造了博物馆另外3座新场馆。随着博物馆场馆的扩大,其收藏也相应地有了很大的扩充,目前的藏品已经比当初增加了至少四倍,员工数也已经从最初的4人发展为如今的150余人,运营经费也增加了150余倍。但不管是场馆的扩建,还是收藏品的扩充,抑或是运营经费的增长,都与亚特兰大众多大公司的支持,以及整个城市对文化艺术的热爱密不可分。

"中国秦始皇兵马俑"文物展是海伊博物馆百余年发展历史中举办过的第二个中国文物展,第一个展览在更早的1983年。2009年3月,当"中国秦始皇兵马俑"文物展即将成功闭幕时,海伊博物馆馆长萨皮尔一行再一次访问了西安,向陕西省文物局提出希望在兵马俑展览成功合作的基础上,于2010年9月至2011年夏天再合作举办一个以汉唐时期丝绸之路和中西文化交流为主题的展览,从而继续向美国参观者介绍中国的历史与文化。馆长还表示,愿意借鉴海伊博物馆与罗浮宫和纽约现代艺术博物馆(The Museum of Modern Art)以3年为一个周期合作举办一系列展览的模式,与陕西也进行类似的合作。但后来不知什么原因,此合作并没有得以继续,这也是一个不小的遗憾。

历经考验的展览
智利总统府文化中心"古代中国与兵马俑"文物展

2009年12月至2010年5月,由智利总统府文化中心和陕西省文物局主办,国家文物局、中国驻智利大使馆和智利文化部协办的"古代中国与兵马俑"(Ancient China and the Terracotta Army)文物展,作为庆祝中智建交40周年,以及智利共和国建国200周年的一项重要文化活动,在智利首都圣地亚哥总统府文化中心成功举办。作为展览的承办单位,陕西省文物交流中心在前期很短的时间里,克服重重困难,完成了这一具有重大政治和文化意义的展览的筹备和出展工作。在展览展出期间,我们经受了2010年2月智利里氏8.8级特大地震的考验;在展览结束后,面对智利方面采用的非常规文物回程运输方式,陕西省文物交流中心在各方的大力支持下,确保了文物的安全入库。这次展览从筹备到结项,情况频发,所幸的是,不管是当时我们各方面经验还不是很充足的工作团队,还是我们那已届2000多岁"高龄"的兵马俑,均经受住了各种各样的考验。我们不仅圆满顺利地完成了一次意义重大的文物外展任务,自身也得到了锻炼和提高。

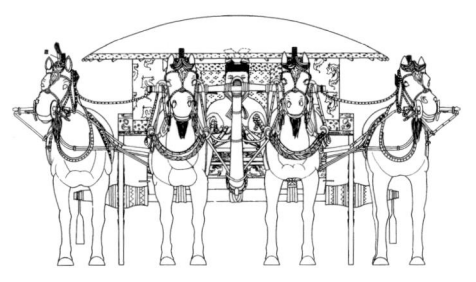

❶ 紧迫重要的任务

2008年4月,首次访华的智利总统米歇尔·巴切莱特在其访问中国的第三站——上海出席了4月13日开幕的"智利周"上海站活动。在活动开幕式上,她明确表示,希望在合适的时候把兵马俑带到智利展出。之后,智利文化部通过中国驻智利大使馆,向中国文化部和国家文物局,提出了希望在2009年举办一个中国秦兵马俑展览的良好愿望。2008年10月,经国家文物局介绍和安排,智利外交部文化司司长梅利奥·拉玛卡·奥瑞格先生和智利总统府文化中心主任艾丽甘德拉·赛拉诺·玛德利女士来到西安,与陕西省文物局和陕西省文物交流中心的负责人就在智利总统府文化中心举办一个以中国兵马俑为主题的文物展览进行了初步会谈。因为双方只是初步商谈，很多情况在当时都不是特别明朗，直至2009年5月，国家文物局正式将中国驻智利大使馆文化处关于智利政府举办兵马俑展一事转给陕西省文物局，事情才真正进入了实质性操作阶段。

一般情况下，筹备一个赴境外的文物展览需要3到5年的时间，最不济也需要2到3年的时间，因为对合作双方来说，除了商谈协议之外，还需要做很多准备工作。从外方来说，最主要的工作事项一般包括要获得决策层或董事会的同意和支持、寻求赞助商或资金支持、进行展览设计和制作、编撰展览图录、策划展览宣传、安排展览运输、购买展览保险等等；从中方来说，最主要的工作事项包括上报展览计划、洽谈展览协议、挑选展品、提取展品基础信息、安排展品照相、准备报批文件、制作展品囊匣、安排省内展品调集和运输、确定出访人员及办理人员出访手续等等。但根据中国驻智利大使馆《关于智利政府举办兵马俑展》的正式来函，展览的开幕时间预定在了2009年11月中旬。从2009年5月到11月，此次智利展览留给双方的筹备时间不到半年，任务紧迫、艰巨。

意识到这个项目的重要性，当时陕西省文物交流中心主持工作的韩钊副主任立即安排展览项目负责人主动与中国驻智利大使馆文化处进行沟通，进而很快与智利总统府文化中心主

历经考验的展览   85

智利首都圣地亚哥街头的兵马俑展览宣传画

任赛拉诺女士取得了联系。

出入境展览项目前期的最主要工作，就是洽谈展览协议和确定展品目录。自1985年陕西省文物局获国家文物局授权，可以与外方直接洽谈合作、单独举办文物出境展览以来，虽具体承办展览的机构和机制屡经调整，但多年积累的外展工作经验，特别是在此基础上形成的基本条款和要素都与中国相关法律法规，及国际文物交流展览规则相适应的陕西文物出境展览协议模本，为每一个出境展览的合作协议洽谈打下了极其良好的基础。但因为国情各异，各个国家的法律体系和博物馆管理体制、机制不同，所以合作双方也经常需要为一些条款进行反复沟通和谈判。

一般来说，确定展品目录花费的时间和精力会更多一些。除了要满足外方出于展览叙事对展品的要求，满足中国国家文物局发布的《文物出境展览管理规定》中对一级品比例、禁止出境展品的要求外，还需要契合各收藏单位出展展品的"档期"。2008 年之后，随着我国政府及主管部门对各级各类博物馆支持力度的加大以及对博物馆考核、评估等的加强，国内博物馆界利用自身藏品举办展览的数量和引进其他博物馆藏品举办交流展览的频率都呈现出日益提升的趋势，这一趋势使得展品，特别是一些"明星展品"变得特别紧俏。作为国际交流展览中最热门的展览项目，以秦兵马俑为主题的展览展品挑选难度就愈发大。为做好每一个兵马俑展览，我们的展览项目负责人不得不加强工作力度，一方面，是不断拓展搜寻展品的范围，从更多的地县博物馆库房里寻找新的展品，让那些封存在仓库里的文物焕发出新的生命；另一方面，是努力提高对考古新发现的关注度，从而为出境展览增添新的成员。

由于中、智两国相隔千山万水，再加之时间很紧，双方只能借助互联网，通过频繁的邮件往来对展览协议的所有条款和展品目录中的每件文物，以及涉及展览的其他事宜进行沟通。8月20日之前，双方在展览协议和展品目录上达成了较为一致的意见。双方商定，该展览定名为"古代中国与兵马俑"，展期为2009年11月中旬至2010年4月下旬（后来展览开幕时间因要配合巴切莱特总统的日程安排，推迟到2009年12月3日；展览闭幕时间也因智方和我驻智利使馆的要求延长到2010年5月30日），展地在智利总统府文化中心。展品共计80件（组），主要是秦汉时期的陶俑、玉器、青铜武器和各种生活用具，其中包括5件秦兵马俑和5件秦兵马俑复制品，所选展品来自秦始皇兵马俑博物馆、汉阳陵博物馆、咸阳市博物馆和咸阳市文保中心四家单位。之后，双方分别完成了各自其他的筹备工作。

2009年11月13日，正当展览展品顺利点交，准备从西安起运之时，时任国家主席胡锦涛在新加坡会见了智利总统巴切莱特，并在讲话中指出，为庆祝智利建国200周年举办的兵马俑展，是中智双方人文交流日趋活跃的表现，双方要以 2010 年两国建交 40 周年为契机,不断扩大人文交流,增进两国人民的相互了解和友谊,使中智友好更加深入人心。胡主席的讲话让我们在倍感振奋的同时,也为我们能在这么短的时间里,与一个鲜有合作基础的南美国家的合作伙伴跨越了各种沟通障碍所取得的合作成效而深感自豪。

12 月 3 日,智利总统米歇尔·巴切莱特、前总统拉戈斯夫妇、文化部长乌卢蒂亚、中国驻智利大使刘玉琴、陕西省文物局局长赵荣,以及智利总统秘书部部长、矿业部部长、空军司令、陆军司令、军警司令和企业、文化、教育、新闻等社会

巴切莱特总统在智利总统府文化中心"古代中国与兵马俑"文物展开幕式上致辞

各界代表约600人参加了"古代中国与兵马俑"文物展开幕式。规格之高,规模之大,史所罕见。不管是在现场见证了这一开幕式盛况及展览精美设计的陕西省文物局代表团和工作组,还是随后从新闻中了解开幕式盛况、从智利方面编撰的展览图录了解展览内容诠释的所有为这一项目付出了辛劳和智慧的工作团队成员,都为自己能在如此之短的时间里完成这样一项具有重要意义的展览,感到由衷的欣慰和无上的荣光。

❷ 有惊无险的兵马俑

2010年2月27日是个周六,下午3点左右,我正在外边办事,突然接到陕西省文物交流中心原副主任、当时已调任碑林博物馆副馆长的韩钊女士的电话,她告诉刚刚开始全面负责陕西省文物交流中心工作只有4个月的我,智利发生大地震了。一听到这消息,2008年5月电视里报道的汶川地震的画面就一下子浮现在我的眼前,我不敢设想正在智利总统府文化中心展出的文物此刻的状况。我赶紧拨通了陕西省文物交流中心智利展览项目负责人的电话,让她马上跟智利总统府文化中心、中国驻智利大使馆,以及智利驻中国大使馆联系,以了解智利地震情况、智利总统府文化中心建筑情况和正在展出的文物展品情况。同时,我也马上就智利发生地震以及我们当时的应对措施给省文物局领导做了汇报,并随时密切关注智利地震的进一步消息。

傍晚时分,我们从媒体了解到,智利地震发生在当地时间2月27日凌晨3点34分(北京时间2月27日下午2点34分),震级为里氏8.8级,属于特大地震,震中位于智利比奥比奥省,距首都圣地亚哥339公里,震源位于地下55公里。此后,当地还连续发生了多次强余震,其中最强的为里氏6.9级。智利首都圣地亚哥震感明显,高楼摇晃,部分地区电力中断。地震还引发了海啸,影响波及阿根廷等多个邻国。因为通讯受阻,我们当时只收到智利驻中国大使馆给我们发来的初步反馈信息:圣地亚哥的建筑损毁不多,我们展览的展出场所——总统府文化中心,因位于总统府大楼地下,建筑和安保均没有问题。

2月28日清晨,陕西省文物交流中心展览项目负责人终于联系上了中国驻智利大使馆和智利总统府文化中心,进一步确认文物没有大的损失。同时,我们根据省文物局领导的指示,向我驻智利大使馆和智利总统府文化中心的人员表示了慰问,并就文物安全问题与智利总统府文化中心进行了沟通,提出了加强文物安保工作的建议和要求。

2月28日下午4点左右,我们收到了中国驻智利大使馆文化参赞李保章和智利总统府文化中心副主任米盖伊拉·泰丝的邮件。他们在邮件中均表示,由于展览的布展工作做得非常好,每件展品都有专门的支架,特别是大型展品都制作有专门的安全防护支架,故在地震中,除一件汉代的陶山羊从台座上震倒,原修复处断裂,一个站立的军吏俑复制品向后移动了10多厘米,前脚掌断裂之外,其他展品幸无损伤。地震中一个好笑的细节是其他的兵马俑都向前移动了20厘米左右,唯有那个脚掌断裂的复制俑是向后移动的。米盖伊拉副主任在邮件中说起了他们主任赛拉诺女士对此怪异现象所开的一个玩笑:"地震给兵马俑赋予了生命,后退的士兵受到了惩罚。"在邮件中,他们还说,智利总统府文化中心将闭馆2天,安排文保专家检查、加固展品支架和其他辅助设施,随后还将给中方出具一个更详细的文物安全报告。此外,智利总统府文化中心已与总统府警卫部队取得了联系,请他们采取保护措施,以确保展场周围环境的安全。

关于为何兵马俑复制品足部出现断裂、兵马俑真品却没被震倒的问题,原秦俑馆馆长、有"兵马俑之父"之称的袁仲一先生在接受记者采访时分析说,这可能与秦兵马俑的烧制技术有关。秦兵马俑烧制的温度特别高,所以虽然是陶制的,但特别结实。另外，秦代已经解决了陶俑重心问题，出土的兵马俑底部都特别重，双腿很粗且多是实心，而上身、胳膊、肚子等却是空心的，这样兵马俑就站得特别稳。而复制的秦兵马俑不管是烧制温度还是烧制技术，都不可能像当初给秦始皇制作陪葬品那样精工细作。

3月1日，星期一，根据省文物局的安排，我们在当天下午召开了一个媒体见面会。我和陕西省文物局外事处处长、陕西省文物交流中心展览项目负责人一起向媒体通报了正在智利展出的"古代中国与兵马俑"文物展的情况，回答了媒体及公众关于智利大地震后陕西文物，特别是秦兵马俑安全的问题。很快，电视、报纸、网络等各种媒体报道和转载了此次媒体见面会的新闻，同时介绍了展览举办的背景和意义，以及我们为出境文物展览的安全、合作伙伴的选择、展览场地的确定所做的工作，甚至介绍了为筹展具体环节如展品包装、运输、安全保险等方面采取的一系列措施，从而使得这次让我们惊心动魄的"危机"，变成了对陕西文物交流事业的一次宣传。对此，除了钦佩我们古人的杰出智慧，为兵马俑经受住了考验而欣喜之外，我还特别感谢及时给予了我许多指导意见的各级领导，以及与我并肩作战的所有同事，是他们的帮助，让我有惊无险地通过了我上任以后的第一次"大考"。

❸ 非常规的展品回运

地震过后不到一周,圣地亚哥的社会秩序就恢复了正常,智利总统府文化中心也随之重新开馆。虽然大地震对此次展览有所影响,但到 5 月 30 日展览闭幕时,依然有 36.5 万人参观了"古代中国与兵马俑"文物展。眼看展览就要完美收官,我方撤展组完成了撤展工作,展品即将启程回运,却发生了一件让我们团队着急和紧张的事情。

根据一直以来我们和外方合作伙伴签署的展览协议,西安是双方点交和点还文物的地点,也就是说,从西安到外方展地之间的所有地面和航空运输都由外方负责,但外方要提前告知我们其所选择的运输公司及运输方案,并征得我方的同意。出于对文物安全的考虑,我们对运输公司的要求是一定要具有艺术品包装运输的资质。由于文物的脆弱性及其不可再生的特点,专业的艺术品包装运输公司除了有一般国际物流所需要的工作流程和技术标准之外,在硬件设施和人员技术上更能满足文物展品运输的特殊要求,如包装时对包装技术和包装材料的要求,地面运输时对汽车减震性能、监控设施、行车时速的要求,以及陆运转空运时对仓储条件的要求和航空运输时对货机及其舱位的要求，等等。一个包装运输公司不可能包揽从起始地到目的地的所有环节，一般中标的国外艺术品运输公司会找一个起始地国家的本土公司作为合作伙伴，负责起始地国内段的运输和通关手续办理等。作为一个内陆城市，当时的西安既缺少大型货机运输能力，也有很多国际航线没有开通，因而绝大多数外展文物的运输都只能从北京、上海或广州出境。这就意味着陕西文物外展国内段的运输比那些直接从北、上、广出境的文物外展更需要一个国内艺术品运输公司的配合。作为国家质量监督检验检疫总局和国家标准化管理委员会共同发布的《文物运输包装规范》的起草单位之一，华协国际珍品货运服务有限公司（简称华协公司）一直是业内的翘楚，也经常被国外的艺术品包装运输公司选为在中国的合作伙伴。此次智利的选择也不例外，负责境外运输的包装运输公司是总部位于芬兰的维胡里集团的威派克公司，中方合作伙伴就是华协公司。至于包装运输方案，就是包装运输公司对于文物展品陆运、空运、仓储等的路线、方式、时间等的规划和实施计划，而这一次的问题就出在运输方案上了。

4月22日，距离展览结束大约还有5周时间，我们第一次从智利总统府文化中心得到讯息，他们准备安排一架军用包机将文物运回中国，具体事宜由智利空军负责。闻听此讯，我们非常吃惊。虽然当时我们也不了解跨境物流的许多具体工作环节，但常识首先让我们生出许多问题：军机怎么能随便入境呢？军机的入境手续该怎么办呢？军机有运输文物等脆弱性货物的足够经验吗？于是，我们一方面去函询问智利总统府文化中心相关事宜，一方面跟承担此次展览国内段运输的华协公司联系，查问用军用飞机运输文物的可能性和可操作性。

智利方面在邮件中告诉我们，智利空军是此次展览的赞助单位，他们具有运输爱乐乐团乐器和智利文物的经验。而且，智利空军使用的是包机，飞机上只会装载"古代中国与兵马俑"文物展的文物。飞机将于6月15日或16日直接飞抵西安，中途虽会有停靠，但飞机不开舱门，货物不换飞机，所以非常安全。至于飞机航线、军机入境手续等，智利空军会负责协调确定和办理。关于文物的装卸和地面运输，智利方面的包装运输代理公司威派克公司会和其中方合作伙伴华协公司协调好，请我们放心。

用军机运输文物入境，对已有近30年历史、处理过上千个文物进出境运输项目的华协公司来说，也是第一次遇到。按照正常的民用飞机运输操作程序，货物在境外机场交货后，境外运输代理公司就会将货物运单等相关信息发送至华协公司，华协公司据此向北京海关进行申报，由北京海关出具关封。待航班抵达后，地面服务公司会将货物卸下飞机并由停机坪运至航空公司库房。华协公司凭北京海关出具的关封在首都机场海关申请清关放行手续，然后拿着在航空公司办结的提货手续，监督地面服务公司将货物自航空公司库房拖运至提货区域，拆掉集装板，将货物装车，机场海关清点数量、封车，并出具转关关封。车到西安，经西安海关查验后，文物的国内运输就算基本结束了。

军机运输涉及的问题则要复杂得多，对华协公司来说，最重要的是需要三方面的资料和信息：一是货物运单，二是军机停靠许可证，三是为军机卸载文物提供服务的地面代理公司的名称。虽然华协公司和陕西省文物交流中心多次索要，却一直都拿不到应由智利方面提供的各种清关及机场操作所需的文件和信息。对方只提供了一些简单的信息，且语焉不详，需要反复核对和确认。陕西省文物交流中心通过邮件和电话，不断催促智利总统府文化中心和我国驻智利大使馆，希望他们协助提供相关的详细信息。华协公司上上下下也全力以赴，向国家文物局、外交部拉美司、民航总局、北京海关等各方问询打探，为办理军机运输寻求帮助和解决方案。

货物运单是办理海关手续的最主要材料，但因为智利军用包机不能像正常商业航班那样出具运单和舱单，华协公司只能另寻他法。为了确保文物能正常入境清关，华协公司派人在北京海关和首都机场海关等几个相关部门之间来回奔走沟通。时间紧迫、情况特殊，北京海关经过商议，批准了华协公司的各种申请，前提是由华协公司担保，且海关官员要在飞机落地时对货物实施监管。

虽然在5月上旬，我们就获知智利空军已经办理了进入中国的相关手续，但中方一直拿不到飞机的停靠许可证。而且，关于军机在哪个机场降落，也一直没有确定。华协公司首先想到了在20世纪90年代之前一直是北京地区最重要的空军机场的南苑机场，但了解后得知，南苑机场不接受军用飞机的停靠，也无法进行进出境货物的地面操作。5月11日，智利总统府文化中心向我们发来的军用包机航程信息显示，飞机将于当地时间6月10日上午9：00从智利起飞，中途在西班牙大加那利岛和埃及开罗各停靠一次，然后于北京时间6月15日上午11：00直接飞抵西安咸阳国际机场。先不说外国军机是否能被允许飞进内陆，就是可以直接飞进内陆、降落在西安咸阳国际机场，文物的清关也会有问题，因为文物出关手续是在北京办理的。将这些情况告知智利方面后，智方于6月3日告知我方，军用包机将于6月16日下午14：30在北京首都机场降落，办理完清关手续后，于当日17：30飞往西安。显然,智利空军的这个飞行计划有点想当然,文物不卸载,怎么可能办理清关手续呢?经过与智利总统府文化中心、中国驻智利大使馆,以及华协公司与智利威派克公司的反复沟通,6月7日,在军用包机起飞前3天,智方终于与我方确认,飞机将降落在北京首都国际机场,然后将货物卸下来,办理完清关手续,再由陆路运到西安。

为了办理军机的停靠手续,华协公司联系了美国环球公务机公司,委托该公司与智利空军直接接洽,办妥了军机在首都机场的停靠手续,获得了军机的航班号及停机位许可。但是,公务机公司只负责办理机组人员以及飞机加油停靠等的相关手续,不负责与货物有关的任何事宜。也就是说,飞机上文物的装卸载,以及从停机坪到提货区之间的运输,还需要委托一家地面服务代理公司来操作。

作为货运代理公司,华协公司的职责是在地面服务代理公司将货物入库后办理清关和提货手续。在这之前将货物卸下飞机并由停机坪运至航空公司库房,再由航空公司库房拖运至提货区域的一系列环节,须由指定的地面服务代理公司来完成,而地面服务代理公司本应由承运人和运营商来委托。很显然,智利方面并没有考虑这个问题。根据民航总局规定,所有抵达首都机场的货机都需提前60个工作日向中国民航总局国际司、

运输司递交入境申请，并在得到批复后由首都公务机公司向中国国际货运航空有限公司北京运营基地或北京空港航空地面服务有限公司下达工作指令。如果没有任何单位或组织委托地面服务代理公司为文物卸载提供服务，会导致军机上的文物无法卸载、入库。本着多年从事文物珍品运输的职业道德和对祖国文化遗产负责任的态度，华协公司找到上述两家公司，反复协调、商议，最终，华协公司做担保，确定由北京空港航空地面服务有限公司为此次航班提供地面代理服务。华协公司为此交纳了一笔不小的代理服务费用。

清关手续，军机的降落、停靠、地面服务等问题逐一解决之后，6月16日，装载着"古代中国与兵马俑"文物展的80件（组）文物展品的智利军用包机终于顺利降落在北京首都机场。随后，展品顺利清关、提取装车，并安全运回西安。此次展览的回运操作，是华协公司成立以来遇到过的最大挑战之一，也是华协公司上千个文物进出境展览操作案例中，最让所有经历过此事件的员工难以忘怀的经典案例。

作为展览的中方主办和承办单位，陕西省文物局及文物交流中心的相关领导和工作人员也都度过了一段紧张不安的日子。大家虽然没有在一线为智利展览文物的安全回运四处奔走、斡旋协调，但也都不遗余力地与智利总统府文化中心、智利驻华使馆、我国驻智利使馆、华协公司积极联络，互通信息，各尽其责，付出了自己的努力。而这次文物超常规回运事件也让我们不仅深刻地感受到了华协公司的专业和敬业精神，也因为携手面对挑战建立起了更多的信任和友谊。

事后我们分析，此次智利展览在文物回运时采用军用包机的方式，而没有像去程那样采用民航飞机进行运输，应该与大地震后，智利政府因救灾而造成的资金短缺有很大关系。不管怎么说，"古代中国与兵马俑"文物展是我在陕西省文物交流中心工作七八年间，唯一和南美国家直接打交道的展览项目，其间的苦与乐、担忧和欣慰，都已经成为我最珍贵的人生记忆和精神财富了。

加拿大皇家安大略博物馆"中国秦兵马俑"文物展"不打不成交"的合作

皇家安大略博物馆位于加拿大安大略省多伦多市,是一个以收藏和展示艺术、世界文化和自然历史为特色的综合性博物馆,是加拿大最大的博物馆,也是整个北美地区最大的博物馆之一。蒙特利尔艺术博物馆(Montreal Museum Of Fine Arts)位于加拿大魁北克省蒙特利尔市,是加拿大最受公众喜欢的一个艺术类博物馆。2010年6月至2011年6月,由皇家安大略博物馆组织的"中国秦兵马俑"文物展在上述两馆先后展出。作为加拿大每年参观人数最多的两个博物馆,"中国秦兵马俑"文物展在两馆的展出也不负众望,共吸引了60余万人前去参观。这对地广人稀的加拿大来说,的确算得上相当不俗的博物馆展览参观纪录了。特别是在皇家安大略博物馆,来参观"中国秦兵马俑"文物展的竟高达35.5万人次,从而使"中国秦兵马俑"文物展成为该馆10余年来最为成功的展览。

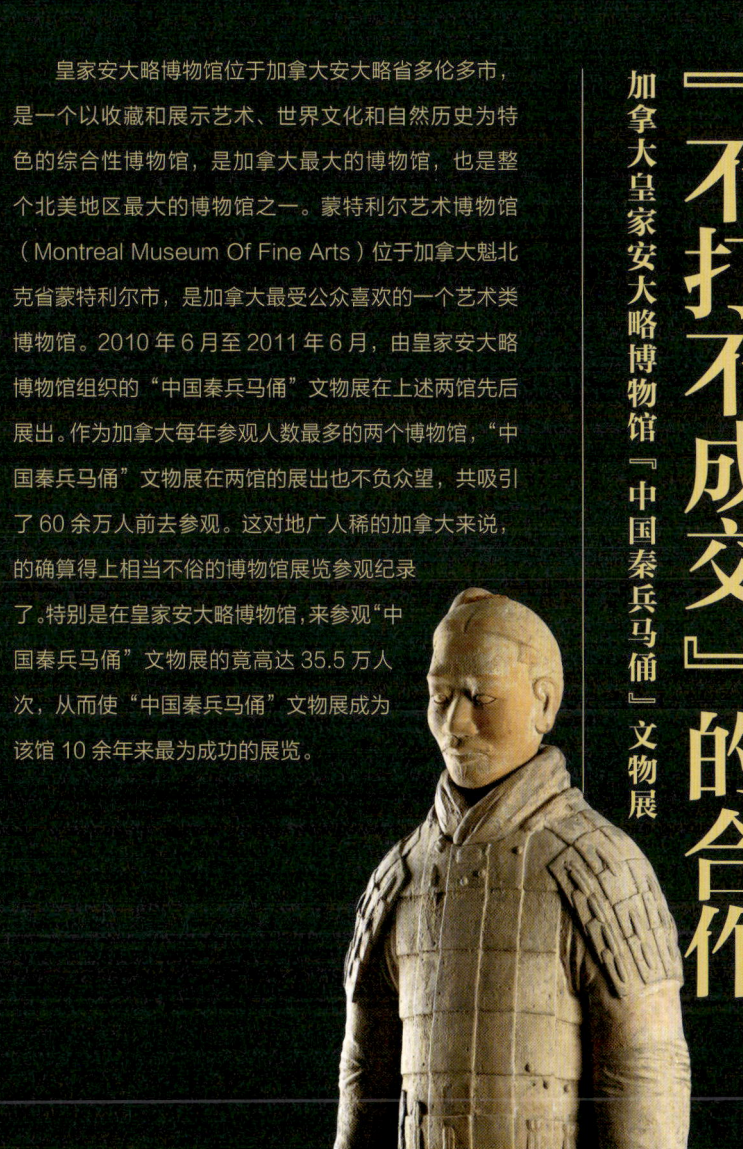

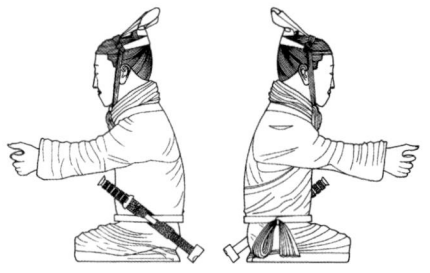

这个展览也是我在陕西省文物交流中心工作七八年间遇到的矛盾与冲突最多的项目之一：没有一个展览像皇家安大略博物馆组织的这次展览那样，合作双方要开那么多次电话会议进行商讨；也没有一个项目像这个项目一样，需要我们给对方项目负责人和管理层写那么多邮件进行沟通。从矛盾与冲突产生以后，对方因不理解我们而产生不信任和愤怒，我自己因沟通不力而产生沮丧和郁闷，到双方最终经过沟通，化解矛盾，建立起理解和信任，并携手打造了皇家安大略博物馆历史上的经典之作。这个过程着实让我获得了许多宝贵的经验和教训。特别是当我于2014年5月参访皇家安大略博物馆，与当年因为"中国秦兵马俑"文物展项目在邮件和电话会议中发生过争执，最终协商解决问题的皇家安大略博物馆工作团队聚首时，双方如老友重逢般兴奋和喜悦，让我不由得感叹，真是"不打

皇家安大略博物馆外景及"中国秦兵马俑"文物展宣传画

蒙特利尔艺术博物馆"中国秦兵马俑"文物展序厅

蒙特利尔艺术博物馆"中国秦兵马俑"文物展内景

不成交"啊!

❶ 展品问题

对一个展览来说,最基本的问题就是展什么,也就是展览的展品是什么。一般情况下,这是双方在展览项目洽谈初期就能敲定的事情。然而,皇家安大略博物馆"中国秦兵马俑"文物展项目双方,却在距离展览开幕仅剩两个月左右的时候,因为展品问题,产生了很大的矛盾与冲突。

早在 2004 年,皇家安大略博物馆东亚部就向管理层提出,希望在该馆新装修的中国馆开馆之际,举办一个以秦兵马俑为主题的中等规模的中国文物展览。在评估了展览选题的影响力和展览预算之后,董事会否决了这个提案。2007 年 9 月,秦兵马俑展览在大英博物馆开幕后的火爆,用时任皇家安大略博物馆兵马俑展策展人、现任副馆长沈辰博士半开玩笑的话就是,让全球博物馆"眼红"。在沈辰博士的大力推动之下,皇家安大略博物馆管理层和决策层在意识到兵马俑展览以及中国传统文化的影响力后,一方面重置议题、筹集款项,另一方面于 2007 年深秋时节安排沈辰博士等人前来中国,拜访国家文物局和陕西省文物局及文物交流中心,以求抢得先机,获得中方对其在加拿大举办秦兵马俑巡展的许可。2008年7月,皇家安大略博物馆与陕西省文物交流中心开始正式洽谈。根据当时双方商谈的基本意见,加拿大秦兵马俑展览的规模参照大英博物馆的秦兵马俑展,为一个120件(组)展品的大型展览,其中秦兵马俑的种类和数量也参照大英博物馆的。

经过一年多的筹备,2009年圣诞节之前,双方根据之前商谈的基本意见,确定了展品目录,也谈妥了展览协议的所有条款。2010年1月,陕西省文物交流中心将"中国秦兵马俑"文物展的项目申报文件,通过陕西省文物局正式上报给了国家文物局。上报的项目为一个两站巡展,第一站为皇家安大略博物馆,展期从2010年6月至2011年1月;第二站为蒙特利尔艺术博物馆,展期从2011年2月至2011年6月。2010年4月,国家文物局给陕西省文物交流中心反馈了初审意见,认为项目申报出境的秦俑数量"严重超标",需要严格按照规定进行删减。国家文物局所说的规定,就是2010年4月国家文物局刚刚颁布的《秦俑出国(境)展览管理暂行规定》,规定中要求"以秦俑为主题的出国(境)专题展览,参展秦俑数量一般不得超过10件。因特殊情况需要增加参展秦俑数量的,应当事先征得国家文物局同意"。

而"中国秦兵马俑"文物展的正式筹备工作实际上是从

2008年秋天就已经开始了的。在一年多的筹备工作中,除了洽谈展览协议,双方的时间和精力最主要就花费在确定展品上了。因为展品既要满足外方关于展览叙事的要求,还要满足国家关于文物出展的相关规定,以及各收藏单位可出展文物的"档期"和文物的安全要求,经过反复挑选、更改、协调和确认,陕西省文物交流中心协调了省内15家文博单位收藏的、满足上述各项要求的120组261件文物展品,其中秦兵马俑共有27件。这个工作是在2009年圣诞节前完成的,也就是说,是在2010年4月《秦俑出国(境)展览管理暂行规定》颁布之前完成的,所以我们和皇家安大略博物馆参照大英博物馆秦兵马俑展的规模来确定此次展览展品种类和数量,势必会"严重超标"。

当我们将国家文物局的审批意见告知皇家安大略博物馆,并要求其将展览的重要展品秦兵马俑从27件减为10件时,对方很不理解中方为何在距离展览开幕只剩两个多月的时候要求对展览框架做如此"伤筋动骨"的改变,同时,也不能接受中方不履行已协商好的协议的"不诚实守信"的合作方式。所以即使隔着上万公里,我也能感觉到电话会议另一端,以及一封又一封邮件所传递过来的因不理解而产生的愤怒。皇家安大略博物馆馆长、首席执行官威廉姆·索塞尔先生给国家文物局和陕西方面写了一封正式的信函，重点陈述了此次展览在加拿大巡展的意义以及他们为促成展览所付出的努力，同时也表达了因为展览开幕在即，他们马上会安排执行副馆长格兰·道宾先生和策展人沈辰博士来中国与中方当面沟通的强烈意愿，希望中方能尽快安排双方会面，以促成展览的顺利举办。

作为展览的承办单位，我们很清楚，和国家文物局沟通是我们的责任。因此，我们一方面请道宾副馆长和沈辰博士先不要来中国，另一方面积极和国家文物局联系。我们意识到，要让对方理解并接受中方的意见，就需要给出能让对方接受的理由，而不是简单地强行让对方接受所谓的规定。因此让对方理解和接受，而不让双方产生误解，甚至矛盾，是我们需要解决的首要问题。而要解决这一问题，我们首先得了解国家对减少兵马俑出境展出数量，出台《秦俑出国（境）展览管理暂行规定》的背景。

国家文物局的意见表明国家有一种对文物外展，起码是对含有兵马俑的文物外展的一种"收紧"趋势。这其中固然是为了加强管理，以尽可能减少文物外展，特别是秦兵马俑文物外展因过于频繁对文物造成损伤的风险，更是对文物外展目的性的思考和对文化遗产主体话语权的主张，以及试图通过政策来校正和引导文物外展朝着更符合中方利益、使中方更有话语权方向发展的一种努力。

中国的文物出境展览工作是因外交工作的需求和推动起步的。作为配合外交工作的一项重要活动,在周恩来总理和国务院的直接关怀和领导下,1973年至1978年,"中华人民共和国出土文物"展在亚、欧、美、澳四大洲15个国家和地区成功举办了16场,不仅出色地实践了当时国家"文物外交"的战略构想,而且也开启了借助文物外展宣传中华传统文化、增进人民之间了解和友谊的新途径。1978年改革开放后,随着国际社会对古老神秘的东方文化大国了解的需要,以及我们自身放眼看世界,学习他国先进思想、理念和技术的需要,文物出境展览作为沟通中外的重要方式,赶上了绝好的发展机遇。基于改革开放初期我们既需要良好的外部环境,也需要先进理念、发展资金和培养人才的社会现实,国务院同意文物外展以"既重政治作用,也重经济效益"为方针。可以对国外友好组织提供的文物展览或其他商业性文物展览的收益进行合理分成,以文补文。属于友好城市之间文化交流以及国外有关组织直接向地方提出的民间性文物展览项目,由地方文物行政管理部门或者博物馆对外进行商谈并签署展览协议。得益于国家扩大对外交流的需要以及方针、政策上的保障,文物出境展览工作取得了良好的社会效益和经济效益,各地方、各部门的积极性得以调动，文物出境展览工作呈现出了勃勃生机，不仅宣传了中华传统文化，加强了各国人民之间的理解和友谊，还为国家赚取了外汇，为地方和部门的发展提供了资金。一些工作人员出国参加外展工作，开阔了眼界，转变了观念，提高了业务水平，成长为事业发展的骨干人才。

经过改革开放30年的发展，中国已经成为世界第二大经济体，外汇储备量居世界第一位，通过出境展览赚取外汇的需求愈来愈小。而通过出境文物展览，增强不同文化之间的交流和人民之间的理解，扩大中国文化的国际影响力，已然成为新时期的国家文化战略。正是在这一大背景下，国家文物局对于举办文物出境展览的目的有了更多的考量，加大了对非政府之间的文化交流项目和商业性的展览活动的管控力度，更加重视文物出境展览的主导性。其具体表现从宏观上讲就是加大政府间的文化交流合作，通过配合政府之间合作举办的文化年、友好年活动或政府间形成的文化交流合作机制，积极主动地举办文物出境展览，特别是要主动到发展中国家举办出境展览；再就是积极推动展览交换活动，同时鼓励国内博物馆积极引进国外优秀的文化、文物展览等。国家文物局重视文物出境展览主导性在微观上的表现就是希望增强文化遗产的主体诠释权，不管是在展览主题的选择上，还是在内容大纲的设计上，抑或是在展品的选择上,都希望中方有更多的话语权。这些应该是国家文物局让我们减少赴加拿大的"中国秦兵马俑"文物展兵马俑数量,乃至出台《秦俑出国(境)展览管理暂行规定》的深层次原因。

经过与国家文物局多次沟通,我们理解了国家文物局出境展览管理工作理念上的转变,以及控制兵马俑出展的深层次原因。但是,要向加拿大的合作伙伴解释清楚这么复杂的文化背景和管理理念上的转变,并不是一件容易的事情。多亏有沈辰博士从中协调,加方多多少少理解了中方的立场和原则,再加之我们又根据秦兵马俑减少的数量在展费上做了适当让渡,以弥补加方前期依据展览内容所做的展览形式设计的损失。2010年4月底,也就是离展览开幕不足两个月的时候,加方不无惋惜地接受了将兵马俑数量减为10件的意见。5月上旬,我们将修改了的展览项目请示报告经陕西省文物局报给国家文物局,"中国秦兵马俑"文物展遇到的第一次危机总算化解了。

❷ 展期问题

展期问题,一般也是双方在洽谈初期就基本能商定的事情。根据2008年双方商定的初步意见,加拿大"中国秦兵马俑"文物展的展期，参照 2008 年 5 月至 2010 年 4 月美国宝尔博物馆等 4 家博物馆巡展的展期安排，拟为 2010 年 6 月至 2012 年 6 月，依次在皇家安大略博物馆、蒙特利尔艺术博物馆、阿尔伯塔省卡尔加里市的格林伯博物馆（Glenbow Museum），以及不列颠哥伦比亚省维多利亚市的皇家不列颠哥伦比亚博物馆（Royal British Columbia Museum）等 4 家博物馆进行巡展。

《文物出境展览管理规定》第十九条规定的"文物出境展览的期限不得超过一年。因特殊需要，经原审批机关批准可以延期，但是，延期最长不得超过一年"的精神，陕西省以及其他省市在以往的实践中，对那些展期计划超过一年的文物外展，一般都会采取先申请一年展期，然后根据需要陈述理由，再向审批机关申请延期的做法。陕西省文物局和文物交流中心于 2008 年 5 月至 2010 年 4 月在美国主办的兵马俑四站巡回展，采用的就是这种请示审批方法。所以，陕西方面依循惯例，在 2010 年 1 月首先通过陕西省文物局向国家文物局上报了 2010 年 6 月至 2011 年 6 月，"中国秦兵马俑"文物展在巡展前两站皇家安大略博物馆和蒙特利尔艺术博物馆展出的项目申请。然后，打算按照《文物出境展览管理规定》中"应在每年的 5 月底前向国家文物局书面申报下一年度文物出境展览计划"的要求，在 2010 年 5 月底之前，向国家文物局上报 2011 年度出境展览计划时，将拟于 2011 年 6 月至 2012 年 6 月在格林伯博物馆和皇家不列颠哥伦比亚博物馆举办的"中国秦兵马俑"文物展项目列进年度展览计划，然后在 2010 年 11 月底之前，也就是《文物出境展览规定》所要求的"项目实施的 6 个月前"，向国家文物局上报项目后两站的申请文件。

皇家安大略博物馆"中国秦兵马俑"文物展开幕式上，中国驻加拿大多伦多总领事朱桃英女士等为彩狮点睛

2010 年 6 月 25 日，展览在皇家安大略博物馆顺利开幕。之后，根据双方开始商谈时所商量的展览框架，向国家文物局上报"中国秦兵马俑"文物展将延展一年，即在第二站蒙特利尔艺术博物馆结束后，继续巡展至格林伯博物馆和皇家不列颠哥伦比亚博物馆一事就被提上了议事日程。鉴于前期因不了解国家文物局在出境展览管理理念上的一些新变化，从而在展品

问题上陷入了被动局面,这一次,我们就展期问题提前与国家文物局相关领导和部门进行了沟通,得到的答复是此次展览延展的可能性不大。对此,国家文物局的解释是,虽然根据《文物出境展览管理规定》,展览可以延期,但延期不能成为常态。文件规定"因特殊需要"可以延期,那么"一般情况下"就不能延期。赴加拿大的"中国秦兵马俑"文物展不存在"特殊情况",所以,在第二站展出结束后,就应该返回国内,而不能继续在加拿大巡展。

得知国家文物局不同意"中国秦兵马俑"文物展延期一年的意见后,因为有第一次因展品问题双方的充分沟通和交流,所以加方也比较能理解中国国家文物局在出境展览理念上发生的变化以及做出的新规定。作为组织者,虽然皇家安大略博物馆已对媒体做过了该展览将在加拿大四站巡展的宣传,也与格林伯博物馆和皇家不列颠哥伦比亚博物馆签订了合作意向书,如果展览在第二站后就结束,他们会遭受一定程度的名誉和经济损失,但他们也知道,这种改变是因为中方出境展览管理部门理念变化导致的,而不是我们针对加拿大巡展而做出的变化,只是不太幸运的是,他们是这个政策转向后的第一个"牺牲品"。而且,巡展到第三站和第四站也只是洽谈时的双方意向,并没有形成正式协议,所以也不能据此向中方提出过多的

要求。虽然在来往邮件中，加方反复强调巡展的意义和重要性，一直不想放弃再巡展一年的计划，甚至到最后一刻都对中方改变不延展的决定心存希冀，但经我们反复解释，2010年9月，皇家安大略博物馆最终接受了该展览在第二站结束后就不能延展的现实，并于9月30日联合格林伯博物馆和皇家不列颠哥伦比亚博物馆召开了一个新闻发布会，就"中国秦兵马俑"文物展不能在格林伯博物馆和皇家不列颠哥伦比亚博物馆展出一事，向媒体做了说明。"中国秦兵马俑"文物展遇到的第二次危机，平稳地得到了化解。

❸ 展费问题

作为一个自收自支的事业单位，展费收入是陕西省文物交流中心的主要收入。从财政管理体制上能这么规定文物出境展览的收费，是根据1981年经国务院批准的《关于文物事业涉外工作的几点意见》中对文物出境展览的一个基本的指导原则，那就是出境展览要"既重政治作用，也重经济效益"。从1985年开始独立与外方合作举办出境展览以来，陕西省的出境展览凭借得天独厚的文物资源，不仅宣传了中华传统文化，宣传了陕西，其展费收入还为陕西的文物事业发展提供了经费。所以，一直以来，对于外方邀约的展览，我方一般会以租借展品的名义收取一些费用。这些费用也是双方在展览洽谈初期就商定好的，在协议中明确了的。但是，当2011年1月份皇家安大略博物馆给我方支付最后一期展费时，却突然提出要少给我方支付3.5万加元的费用。加拿大合作者一向秉承契约精神，是什么原因使他们不想遵守双方签订的协议，提出了这个要求呢？

2011年1月29日，也就是展览在皇家安大略博物馆闭幕并即将在蒙特利尔艺术博物馆开幕的时候，离中国的春节就剩三四个工作日了，早上一上班，我就习惯性地打开电脑，像往常一样阅读邮件。一封来自皇家安大略博物馆执行副馆长道宾的信，让我烦恼顿生。道宾副馆长在信中首先分享了展览在皇家安大略博物馆所取得的巨大成功，肯定了我们之间良好的合作关系，然后话锋一转，指出因秦俑展品减少、延展一年的计划取消，他们蒙受了非常大的名誉损失和经济损失，不过，因为这些都是签署正式协议之前发生的变化，所以损失由他们自己承担。但是，2010年6月，展览出展前双方在西安进行展品点交，因加方工作人员的点交时间超出原定计划，又因要等待中国国家文物局的展览批文，起运工作延误，加方不得不更改展品航空运输计划，从而多支出了3.5万加元的费用，按照协议，这应由陕西省文物交流中心来承担。因此，他们准备从即将要付给交流中心的最后一期展费款中扣除这部分费用。

多年以来，在与外方洽谈展览项目时，展览开幕日期一定，我们就会将所有的工作内容和所需的时间进行倒排。在中方的展品点交工作、在两地之间的运输、在外方展地的布展是展览开幕前最重要的工作环节，而且前后相接，一环套一环，哪个环节出了问题，都会影响下一环节的实施。一般情况下，我们的工作计划也都留有一定的余地，但在加拿大这个项目上，太多的情况变化，使得原来的计划一再被打乱。点交工作花费了较多的时日，减少兵马俑展品、修改协议和所有上报文件导致展览批文拿到得比较晚，是造成加方工作人员在西安滞留时间超出计划和更改展品航空运输计划的主要原因。按照双方签署的协议，这部分损失确实应由中方来承担，也就是说，那 3.5 万加元的损失，应该由陕西省文物交流中心来承担。但从我自己的情感来说，我却是极不情愿的。因为不管是在展览项目的审批过程中，还是在展览的具体操作过程中，我们团队的所有同事都为展览的顺利实施付出了十二分的努力。而且，在遇到问题、解决问题的过程中，中、加双方已经建立起了良好的信任和真挚的友谊，况且展览在皇家安大略博物馆的展出非常成功，在这样的情况下，加方为这点儿经济损失向我们索要赔偿，这让我接受不了。东西方思维模式的不同、情感上的抵触，再加之春节假期的来临，使得我没有像往常那样及时回复道宾副馆长的邮件，让一直以来都很顺畅的联系中断了。

直到春节过后上班，沈辰博士的一个越洋电话，才让几乎陷入僵局的双方的沟通得以重新开启。经过沈辰博士的解释，我理解了西方人是不太明白我们的行政管理体制的，他们以为谈展览、签协议的是陕西省文物交流中心，决策权也就在陕西省文物交流中心，财务也是完全由陕西省文物交流中心掌控的，而不明白作为省级事业单位，财务的收和支都要受政府财务部门的管理。另外，沈辰博士也给我分析了负责博物馆运营的道宾副馆长要面对的来自皇家安大略博物馆决策层及其他方面的压力。经沈辰博士的"点拨"，我才想通了，经过深思熟虑后，我给道宾副馆长写了一封很长的邮件。在邮件中，我充分表达了对他可能遇到的各方面压力的理解，解释了我们国家的管理体制，以及陕西省文物交流中心作为一个出境展览承办单位的权责，阐述了我们为争取到目前结果所做的各种努力以及取得的成效。

经过这封邮件的充分沟通，以及精通中西文化的沈辰博士的从中斡旋，让道宾副馆长和皇家安大略博物馆的合作伙伴们理解了我们，并放弃了从最后一期展费中扣除他们费用超出部分的要求。"中国秦兵马俑"文物展遇到的第三个问题，也相对圆满地得到了解决。

❹ 得失之间

展品、展期和展费，是展览合作中最基本的问题，此次赴加拿大的"中国秦兵马俑"文物展，因为这三个最基本的问题，使双方发生了不少矛盾和冲突。但在化解这些矛盾和冲突的过程中，我们有许多经验和教训值得思考和总结，同时，也正因为此，双方有了深度的交流和碰撞，所以互相之间也多了许多理解和信任。这也算是失中有得吧！

根据《中华人民共和国文物保护法》和《文物出境展览管理规定》，文物出境展览实行归口管理，省级文物行政部门负责核报文物出境展览计划、文物出境展览项目、协调文物出境展览的组织工作等；国家文物局负责审核文物出境展览计划、审批文物出境展览项目等。所以，在展览的具体筹备过程中，发生展览承办单位与外方合作单位最初洽谈展览项目时所议定的一些合作内容不符合审批机关要求的现象也不奇怪，毕竟大家考虑问题的角度不同。特别是当上级管理部门理念发生改变,而下级执行部门不了解这种改变,还依然按照惯性推进工作时,这种因沟通上的"时间差"产生的问题自然就不可避免了。遇到这种情况,作为展览的具体承办单位,自然不能静坐以待,既不能把责任往上级管理部门一推完事,也不能任由中外双方互信丧失、合作崩盘,从而让陕西省文物交流中心乃至中国人在国际上背上不诚信的名声,产生不好的国际影响。在遵从国家相关管理规定与遵守诚实守信合作原则两者之间找到平衡,在双方都能接受的前提下,使项目顺利实施,这才是问题的关键。

首先,要给外方解释中国的文物出境管理体制和机制。举办一个中国文物出境展览,对中外合作双方来说,实际上就是一次国际跨文化交流活动。不同国家的制度之间的差异是影响国际跨文化交流活动顺利进行的一个重要因素,对此,我们没有必要回避。和欧洲大多数国家一样,加拿大在文化领域采取的是"一臂之距"的管理方式。所谓"一臂之距",就是国家对文化采取一种分权式的行政管理体制,即加拿大文化遗产部代表联邦政府制定文化政策和方略,不直接与博物馆、图书馆等文化组织发生关系,而是通过各种专门委员会等职责机构来贯彻和推进政策的实施。因此,博物馆、图书馆等文化组织自身有很大的独立性和权威性。这种管理与我们国家对文物出境展览实行的国家文物行政主管部门直接管理的方式,是完全不同的,而这两种不同的管理是其截然不同的历史背景和社会背景的产物。只有让外方明白了这一点,他们才能理解在我们出境展览项目的层层审批过程中,因上级管理部门的要求而做出的一些改变,从理论上讲,是不可避免的。所以,在加拿大展览之后,每当我们与外方洽谈展览项目时,提前介绍陕西省文物交流中心的权责、展览的工作流程和审批机制,就成为双方正式会谈时必不可少的内容。

其次,作为具体承办单位,应该加强对国家相关政策的理解和对其变化趋势的掌握,尽可能地在与外方的合作中减少变数。如果确实因为国家政策临时调整,而不得不做出相应改变时,我们需要给外方一个改变原先谈好事宜的理由,而不仅仅是告诉对方需要改变,或者上级机关要求有怎样的改变。要给出理由,承办单位就需要与上级管理部门积极沟通,了解国家政策调整的原因,并给对方解释,以说服对方,让对方接受。不管出于何种原因,不给对方理由,只要求对方做相应的改变,完全是一种自我中心型的交流方式,这种方式容易在双方的合作中造成误会,产生矛盾。因此,我们要给出我方计划变动的理由,同时要以对方认可的价值观和可以理解的方式进行阐述,这样才能形成一种平等对话的交流方式,才能获得双赢的效果。

第三，增进了解，换位思考，发挥中间人的积极作用。根据跨文化交流学的研究，交流双方对彼此信息的了解有四个区域，这四个区域分别是：自己知道、对方也知道的开放区，自己知道、对方不知道的隐蔽区，自己不知道、对方知道的盲区，自己不知道、对方也不知道的未知区。跨文化交流要想获得比较理想的效果，就要尽可能地缩小隐蔽区、盲区和未知区，扩大开放区。要达到这个目的，就要加强对自己文化各要素的系统了解，对对方文化各要素的系统了解，对双方文化异同的了解，对交流对象的组织机构，甚至个人背景、特点的了解。同时，在了解的基础上换位思考，寻找双方交流的边界，实现双方交流的目的。另外，在跨文化交流中，还要充分发挥文化中间人的积极作用。一般举办中国文物展览的国外博物馆，要么自身就有研究中国文化的学者，要么会为中国文物展览项目专门聘请一个研究中国文化的学者或者熟悉中国国情的人士作为顾问，最不济也会聘请一个留学生做展览项目助理。这些人不管是中国人还是外国人，其共同特点就是他们不仅熟悉中国文化，也熟悉举办方国家的文化，如果他们能从中做一些解释和沟通工作，将会有事半功倍的效果。此次加拿大展览双方因展品、展期、展费而发生的矛盾与冲突，最终能比较平稳地解

作者于 2014 年访问皇家安大略博物馆时与沈辰博士回顾"中国秦兵马俑"文物展

作者于 2014 年访问皇家安大略博物馆时向"中国秦兵马俑"文物展的加方工作伙伴致谢

决,与精通中西方文化的沈辰博士的大力斡旋密不可分。

  2014 年 5 月,我和陕西省文物系统的相关领导和同事一起参访皇家安大略博物馆,主管展览的副馆长丹·拉赫梅从沈辰博士那儿听说了我们来访的消息后,专门和我们一起共进了晚餐,并在席间对我说:"我上次在一个国际博物馆会议上遇到了也和你们交流中心有过合作的几位博物馆馆长,我们都对你们中心和你本人的敬业精神和专业水准感到非常钦佩。"听到国际同行的这种评价,我由衷地为我们团队在克服展览困难中所付出的努力感到欣慰,更为在国际合作中我们团队所赢得的这份尊重感到自豪。

拿得出手的文化精品

瑞典东方博物馆"中国兵马俑"文物展

2010年8月至2011年2月,由国家文物局及陕西省文物局主办,陕西省文物交流中心承办的"中国兵马俑"(China's Terracotta Army)文物展,作为庆祝中华人民共和国与瑞典王国建交60周年的一项重要文化活动,在瑞典首都斯德哥尔摩的东方博物馆(Museum of Far Eastern Antiquities)成功举办。作为一座与中国考古学发展有着深厚渊源的博物馆,瑞典东方博物馆在这个特别的历史节点举办的这么一场大型文物展览受到了各个方面的广泛关注。虽然已经过去多年,"中国兵马俑"文物展依然是东方博物馆历史上最为成功的展览,也是一段时间里北欧地区最为轰动的展览。作为展览的组织者,我们至今依然记得因展览的巨大成功而带给我们的喜悦与骄傲。

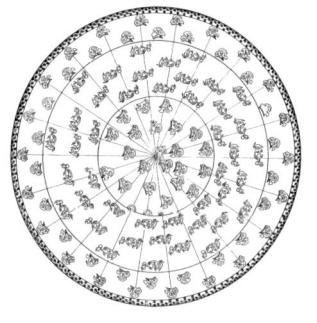

❶ 再续前缘的有意义合作

瑞典东方博物馆坐落在斯德哥尔摩市中心一个被称为"船之岛"的美丽小岛的北端,为一黄颜色的长方形四层建筑,简洁朴素,极具北欧风格。四周环绕的水域将博物馆与本来就很沉静的城市相隔开来,成荫笼罩的绿树使得博物馆愈发静谧安详。然而,从2010年8月至2011年2月,因"中国兵马俑"文物展的举办,这里却变得热闹喧嚣起来,陡增了不少的活力与生机。

东方博物馆虽然看似其貌不扬——既不规模盛大,也不气宇轩昂,但在全世界却极负盛名,中国的考古学界和博物馆界更是对东方博物馆具有一种特别的情感。而其极具特色的馆藏,以及与主体馆藏有着极密切关系的首任馆长约翰·古

"其貌不扬"的东方博物馆的外景

纳·安特生,就是使东方博物馆声名远扬和在中国考古学界及博物馆界拥趸万千的重要原因所在。

19世纪后半期至20世纪早期,是西方国家普遍对东方艺术感兴趣的一个时期。当时,许多国家的探险家,如法国人伯希和、英国人斯坦因、瑞典人斯文·赫定,以及俄国人科兹洛夫等,都纷纷来到古老的中国进行考察探险。作为一位对探险和考古有着浓厚兴趣的地质学家,安特生也对来中国抱有极大的热忱和浓厚的兴趣。1914年,已经是国际著名地质学家的安特生受中国北洋政府的高薪聘请,来华担任农商部矿政司顾问，主要任务就是帮助中国政府在中国境内寻找矿产资源。在40岁的盛年和事业如日中天的时候，北洋政府的聘请使安特生如愿来到了梦寐以求的古老中国，并从此开启了他人生中最为辉煌的篇章。来到中国后，安特生不负众望，在第一年就发现了一处大型的铁矿。随后，他又在河北宣化发现了烟筒山铁矿。该铁矿靠近现成的交通网络，采矿可以马上取得效益，安特生因此得到了中国方面的极高赞誉，这为他后来的其他工作奠定了良好的基础。

作为一名地质学家，安特生自然对中国的古生物化石有着浓厚的兴趣。在1916年成立的中国地质调查所的同意下，在瑞典国内相关机构和实业家的资助下，安特生随即开始在中国采集古生物化石和标本。为寻求被中国人称为"龙骨"的古脊椎动物化石，他于1918年和1921年先后两次到北京周口店龙骨山探查，并敏锐地注意到堆积物中的一些白色带刃的脉石英碎片，进而猜测这些可能是原始人的肉类加工工具。之后，在他的主导和推动下，周口店遗址发掘的序幕正式开启，并发现了令世界震惊的"北京人"。"北京人"的发现，使直立人的存在得到认定，从而基本上明确了人类进化的序列，为"从猿到人"的伟大学说提供了有力的证据。

1918年12月，也是为了调查古脊椎动物化石，安特生首次踏上了河南省渑池县仰韶村的土地。幸运之神又一次眷顾了他,这一次的考察,使安特生成功地开启了中国新石器文化研究的伟大之旅。之后,根据采集员的调查收获,以及他自己1921年4月再度在仰韶村的考察结果,安特生确信仰韶村是一处有丰富史前遗存的遗址。1921年秋天,安特生着手发掘令他满怀期待的仰韶遗址。在中国地质调查所、河南省政府和渑池县政府的大力支持下,从1921年10月到12月的发掘工作果然取得了非常丰硕的成果,发现了大量精美的彩陶,而且还在一块陶片上发现了水稻粒的印痕。

安特生在仰韶村的发掘工作是一个全新的、了不起的,甚至称得上革命性的开始。安特生的发现,证明了中国的这个地方确实有一段史前史的存在,虽然这段历史在中国历代文献中毫无记录。不为人知的史前史的发现,向正统的中国历史叙事提出了挑战,正如考古学家李济所说,安特生发现这"前所未知的早期中国文化后,关于它跟传统的中国文化的关系引起了大量推测"。事实上,安特生不仅给古老的中国带来了比过去广阔得多的视野,他于1921年在河南省渑池县仰韶村的考古发掘也直接催生了中国现代考古学。安特生以一个地质学家的身份来到中国,却因缘际会成为打开中国现代考古学之门的第一人,他也因此在中国赢得了"中国考古学的拓荒者""仰韶文化之父"等诸多称号。

根据安特生当时与中国政府的协定,他在仰韶村的考古发掘品和后来在甘、青地区以及中国其他地方采集的文物,全部可以运往瑞典进行研究,待研究报告发表后,一半留在瑞典,一半运回中国。之后,安特生及瑞典政府兑现了承诺,于1927年至1936年分7次完成了文物的退还。但令人无限感慨的是,这些被退还中国的珍贵文物后来都丢失了。直到今天,这批文物的踪迹还是中国考古史上的一大谜团。而留在瑞典的文物,则被瑞典政府于1926年成立"东方博物馆"加以收藏。鉴于安特生的卓越贡献和在中国文物研究方面的成果,瑞典政府任命安特生为该馆的第一任馆长。

从发现仰韶文化这个美好开端出发,安特生花了30多年的时间继续研究他在中国的考古发掘品和采集所得的标本,并在随后的日子里,努力为东方博物馆建立了一个真正具有综合性和代表性特点的中国古代工艺品收藏体系。在于1926年至1939年任东方博物馆馆长期间,安特生以其丰富的学识、饱满的热情,以及唤醒公众了解中国文化的卓越能力,使得东方博物馆成长壮大为目前西方世界收藏和研究中国古代文物和文化的最重要的中心之一。在安特生及其继任者们的持续努力之下,截至目前,东方博物馆的收藏包括了中国、韩国、日本、印度等亚洲国家的考古艺术品，总数约 10 万件。在整个欧洲，东方博物馆的考古藏品总数排在第三位，所藏艺术珍品的总数排在第四位。在这馆藏的约 10 万件文物中，中国的各类文物占到了 80% 以上，包括了中国自新石器时代起至晚清、民国各个时期的文物。

然而，随着包括中国在内的东亚各国的相继独立，以及 20 世纪 70 年代联合国教科文组织所制定的《关于禁止和防止非法进出口文化财产和非法转让其所有权的方法的公约》越来越深入人心，对像东方博物馆这样以收藏东方国家文物为主的博物馆来说，从其他国家获得文物的可能性变得越来越小，馆藏只能靠有限的捐赠和购买来充实了。在这样的情况下，东方博物馆藏品所呈现的文化面貌，正如时任馆长桑内·霍比·尼尔森在台湾出席 2007 年博物馆馆长论坛 "分享与交流——博物馆馆际合作" 时所说，是"化石般"的，因为这些文物收藏反映的只是 19 世纪末 20 世纪初，瑞典皇室和学术界对亚洲，包括对中国的认识。

要改变这种"化石般"的旧有藏品与东亚各国特别是中国愈来愈多新考古发现在文化表现上的脱节，适应和满足全球化下社会和公众对博物馆的需求，东方博物馆首先修改了以前的基本陈列，重新布置了"中国之前的中国""中央之国"和

"中国书史"三个基本陈列,以反映对中国历史文化的新研究和新认识。但是,囿于藏品的限制,"新瓶里的旧酒"似乎还不能激发起公众的足够热情,也很难实现博物馆的勃勃雄心,于是,东方博物馆就将目光转向更多地引进中国的文化和文物展览了。

其实,早在 1974 年,"中华人民共和国出土文物"展就到过瑞典。1985 年,兵马俑文物的首次欧洲巡展也在东方博物馆举办过。之后,东方博物馆还举办过多个中国文化和文物展览。因此,当东方博物馆提出拟于 2010 年 8 月举办一个大型的兵马俑文物展览时,不管是国家文物局还是陕西省文物局,都积极地回应了这一请求。因为对中方来说,如果能与和中国考古学发展有如此深厚情缘,且还多次进行过馆际友好合作的博物馆再续友谊,其意义无疑是非比寻常的。

2010 年 8 月至 2011 年 2 月,在 5 个月零 20 天的展期中,"中国兵马俑"文物展为东方博物馆带来了 35 万人次的参观纪录,这不仅使年均参观人数一直以来只有 10—15 万的东方博物馆焕发出了勃勃生机,也使得中瑞两国文博界在新的历史时期续写了圆满合作的新篇章。不管是亲自见证了这次合作,还是关注着这次合作的中瑞双方所有人士,都认为这是一次再续前缘的有意义的合作。

❷ 穿越时空隧道的奇妙之旅

在中华人民共和国成立后众多的考古发现中,东方博物馆之所以选择兵马俑举办展览,是与瑞典政府对公立博物馆的考核要求密不可分的。

瑞典政府对博物馆进行评估的一个重要指标就是参观者的数量。在这种政策的引导之下,瑞典各个公立博物馆都将增加参观者数量作为评估博物馆的一个重要目标,引进受公众欢迎的文化、文物展览,就成为其重要发展策略。而中国的兵马俑展览,就是一个深受普通公众欢迎的文物展览项目。

秦兵马俑自 1974 年被发现后,很快就为世人所瞩目。截至 2019 年 12 月,共有 1.2 亿人次来西安参观了秦兵马俑,其中海外游客 1400 多万人次。在这众多的游客中,仅外国国家元首和政府首脑就有 224 位,副总统、副总理、议长以及前总统等达 3000 余位。

面对极具知名度且在全球很多博物馆都展览过的兵马俑,东方博物馆并没有照抄照搬其他展览,而是花大力气做了精心的内容和独到的形式设计。在内容设计方面,除了由东方博物馆副馆长、中国艺术研究员司汉博士担任展览项目负责人外,他们还专门聘请了英国牛津大学的杰西卡·罗森夫人做该展览的学术顾问，邀请了大英博物馆的卡罗尔·迈克尔森女士参与展览内容的设计和图录的编撰。她们两人都是大英博物馆兵马俑展览的主要策划者。但是，东方博物馆兵马俑展览的叙事框架和结构却与大英博物馆完全不同。大英博物馆的展览讲述的是秦文化：从秦人的崛起，到秦始皇的一统天下；从秦始皇采取的各种巩固统一的措施，到秦始皇巡游天下、封禅祭天、刻石纪功；从秦始皇为其构筑的包罗万象的模型宇宙——秦始皇陵，到对秦始皇及秦人生死观的探讨。整个展览借助秦文化的早期遗存和在秦始皇陵的考古发现，围绕秦始皇的功过是非，深度解读了秦文化。而东方博物馆的兵马俑展览讲述的则是秦汉文化，主要借助秦始皇陵、汉景帝阳陵、咸阳杨家湾、汉元帝渭陵等处的考古发现，通过秦人的历史及文化、汉代的历史及文化、秦汉时代的丧葬习俗三个部分，展现了秦汉时期在文化上的杰出成就，重点探讨了"事死如生"、追求长生不老的思想观念在丧葬文化中的体现，以及秦汉帝国与同时代其他帝国之间在文化上的交流和碰撞。高大威猛的秦兵马俑和纤细小巧的汉兵马俑在形体上的反差，以及秦汉文化在本质上的承接和延续，使得东方博物馆"中国兵马俑"文物展的展览叙事跌宕起伏、清晰流畅。

而最让参观者印象深刻的则是东方博物馆"中国兵马俑"文物展的展场设计。此次"中国兵马俑"文物展的展场没有放在东方博物馆的常规展厅里，而是设置在了博物馆建筑下方的岩石隧道里。这些位于"船之岛"岩石中间的隧道是1940年人工开凿的，原本是专门为"二战"期间瑞典皇家海军秘密军事指挥部准备的。除用作火力控制中心和生活、工作区域之外，更多的隧道用于储存鱼雷和水雷等可用于水中作战的武器。"二战"之后，这些隧道被用作海军的仓库。近些年，随着海军的搬离，瑞典国家遗产委员会接管了这些具有历史意义的文化遗产，并逐步进行改造，从而使这些隧道在当今开发出文化、旅游、休闲等方面的新功能。2008年9月，当尼尔森馆长和瑞典国家遗产委员会的负责人谈起准备引进兵马俑展览，并希望能将展览布置在类似出土兵马俑的坑道的隧道里时，得到了积极回应。在随后的近两年时间里，在国家遗产委员会的大力支持下，东方博物馆对正好位于博物馆建筑下方的两条隧道内部进行了许多修缮和改建工作，以满足一个文物展览在安全、设施、温湿度等方面的诸多特殊要求。

2010年8月28日，展览正式向公众开放。这种利用地下隧道做展场的独特展示方式，引来了一片赞叹之声。瑞典人偏爱低调的颜色和简洁、精致的样式，保留着"原生态"样式

东方博物馆"中国兵马俑"文物展在地下隧道展出时的内景

陕西文物局代表团在东方博物馆"中国兵马俑"文物展地下隧道展场入口

东方博物馆"中国兵马俑"文物展开幕式上低调的贵宾通道

的地下隧道，非常有瑞典人崇尚的"极简主义"的设计特点。而且，"船之岛"的地下隧道和皇家海军的秘密指挥部，使得出土兵马俑的地下坑道和神秘的中国丧葬文化，不管从形式上还是从氛围上，都在某种程度上得到了"还原"。置身现场，让人有一种强烈的历史感和出土现场感。一位在斯德哥尔摩游玩的中国游客被"中国兵马俑"文物展的宣传所打动，专门前往"船之岛"的地下隧道参观了该展览。之后，他在网上发表评论说："如果直接把兵马俑放到上面的展厅或者展馆，就完全失去了兵马俑的一些特殊意义与韵味，而这个洞穴展厅，恰好能够体现其神秘感和地下出土的特质。"丰富的展览内涵和独特的参观体验，让瑞典文化大臣莱娜·阿德尔松·利列罗特女士，在开幕式致辞中由衷地称赞说，该展览"为参观者创造了一次独特的、穿越时空隧道的奇妙之旅"。

❸ 拿得出手的文化精品

"中国兵马俑"文物展在东方博物馆开幕后，我国驻瑞典大使馆专电文化部、外交部、国家文物局和陕西省文物局，明确指出："中国兵马俑"文物展对促进两国关系、促使中华文化走向世界发挥了非常积极的作用，是一个拿得出手的文化精品。是什么原因让中国驻瑞典大使馆对"中国兵马俑"文物展给予了如此高的评价呢?

2010年恰逢中瑞建交60周年。在中国文化语境下,60年一甲子,60周年的庆典都应该是极其隆重的,加上中瑞两国非比寻常的关系,中瑞建交60周年的庆典自然非同一般。1950年1月14日,瑞典就承认了刚刚诞生不久的新中国,并于当年的5月9日率先同中国建交,是第一个与中华人民共和国建交的西方国家。对当时处于外交封锁国际环境中的新中国来说,瑞典人民的友谊尤显珍贵。建交以来,中瑞关系一直发展平稳,两国在政治、经济、文化等各领域、各层次的交流与合作日益增多,并取得了许多显著成果。因此,为庆祝中瑞建交60周年,中瑞两国要在2010年举办一系列的庆典活动,而在这一系列活动中,自然非常需要一出具有较强文化影响力的"重头戏"。

中国与北欧各国从唐代起就有文化交往。18世纪,中国艺术对风行欧洲的洛可可艺术有很大影响,这在瑞典也不例外——许多富裕的家庭都有一个中国式房间,壁画上装饰着自中国进口的丝绸,屋里摆放着中国式的家具、屏风和大量的瓷器。瑞典的园林往往也借鉴中国园林的样式,设置亭阁、小桥和假山。19世纪末至20世纪初,瑞典整个社会对东方艺术和建筑的兴趣，在探险家们的推波助澜下，愈发浓厚。开始的时候，受英国人的影响，瑞典的收藏家们也只是对中国宋明时期的瓷器感兴趣，之后，很快转向中国早期陶器、墓葬随葬品和青铜器，并形成了瑞典的收藏风格。在当时，很多实业家都纷纷资助探险家们在东方各国的探险活动，很多贵族也因而成为东方艺术品的大收藏家。

在这种社会风尚中，瑞典皇室对中国传统文化的热爱尤显炽热。从历代国王对东方博物馆的捐赠就可以看出瑞典皇室热爱中国艺术品的悠久传统，而其中最有代表性的就是现任国王卡尔十六世·古斯塔夫的祖父、前任国王古斯塔夫六世·阿道夫。古斯塔夫六世热爱各种艺术和文化，尤其热爱中国和东亚艺术，特别是中国的陶瓷艺术和中国历史文化。1898年，当他只有15岁时，就对考古和欧洲历史产生了兴趣，为此后来还进入乌普萨拉大学专门学习考古。1905年结婚的时候，他祖父奥斯卡二世送他一对18世纪的中国瓷瓶，他如获至宝，爱不释手。因为这对瓷瓶，他的兴趣开始逐渐转向对中国古代艺术品的收藏和研究。1914年，在他的倡导下，瑞典举办了第一个中国艺术展览。1921年，瑞典"中国研究会"成立，古斯塔夫王储任该研究会主席。该研究会资助购买了不少中国新石器时代和青铜时代的文物，并在1926年东方博物馆成立时捐给了该博物馆。1933年，在王储的推动下，东方博物馆举办了第一个中国青铜器展览。1936年，伦敦举办"国际中国展览会"，王储亲自参加工作委员会，挑选瑞典的参展展品。在那个年代，瑞典在中国文物研究方面所进行的开拓性工作和所取得的领先地位，被公认是与古斯塔夫王储的倡导和推动密不可分的。1950年，古斯塔夫六世即位，当时他已年近古稀，不得不辞去许多学术机构的职务，但他仍放不下他心爱的考古学。在担任国王期间，且直到1973年去世，他都一直非常关心和支持东亚和中国考古及艺术品的研究，这也是他能得到瑞典人民尊敬和爱戴的原因之一。

虽然现在瑞典的社会氛围已经与19世纪及20世纪前半叶有了很大不同，但普遍较高的文化素质和北欧人的深沉、内敛，使得瑞典公众对文化消费的选择倾向于那些更有内涵的文化活动。而"中国兵马俑"文物展所代表的博大厚重、影响深远的中华传统文化内涵，与瑞典人的文化品位和艺术鉴赏力是比较吻合的，从而被中国驻瑞典大使馆作为"拿得出手"的文化精品，成为中瑞建交60周年庆典的重头戏。

2010年8月，展览开幕时，瑞典国王卡尔十六世·古斯塔夫及王后西尔维娅、瑞典文化大臣利列罗特、中国驻瑞典大使陈明明和由国家文物局副局长顾玉才率领的国家文物局代表

瑞典国王卡尔十六世在东方博物馆"中国兵马俑"文物展开幕式上致辞

瑞典国王卡尔十六世及王后西尔维娅参观东方博物馆的"中国兵马俑"文物展

团、由陕西省文物局局长赵荣率领的陕西省文物局代表团,以及瑞典各界代表共同出席了"中国兵马俑"文物展盛大的开幕式,隆重庆祝中瑞建交 60 周年。

虽然瑞典东方博物馆的"中国兵马俑"文化展已经结束了 9 年有余,但作为这个展览筹备、开幕、延展、闭幕整个过程的见证者,关于瑞典东方博物馆和这个展览的一切,我至今回想起来,还依然觉得恍如昨日。

漫长的法律维权路

纽约探索时代广场展览馆『中国兵马俑』文物展

探索时代广场展览馆（Discovery Times Square）位于美国纽约曼哈顿第七和第八大道之间，处于被称为"世界十字路口"的时代广场中心地带的西44街。作为纽约第一个大规模展览中心，优越的地理位置和灵活的市场化运作机制，使得探索时代广场展览馆自2009年6月开门以后，就几乎将近些年国际展览市场上最热门的大展都请进了自己的展场，这其中就包括"泰坦尼克沉船文物"展、"露西的遗产：埃塞俄比亚的秘宝"展、"图坦卡蒙墓之宝藏"展、"庞贝：维苏威火山阴影下的生与死"展、"死海文书：圣经时代的生命与信仰"展等等。以不输于上述任何展览的受欢迎程度，"中国兵马俑"文物展自然也成为探索时代广场展览馆最想举办的展览之一。在探索时代广场展览馆锲而不舍地盛情相邀下，2012年4月至8月，陕西省文物局及陕西省文物交流中心在该展览馆举办了"中国兵马俑"文物展。然而，展览结束后，对方却因种种原因拒绝向陕西省文物交流中心支付最后一期展览费用。为保护我方权益，陕西省文物交流中心不得不借助法律手段，终于在2017年5月完成了跨境追债，成功迫使对方将拖欠我方的展览费用全部缴纳。虽然我方的权益最终得以维护，但回顾近5年的漫漫司法维权路，我们也为这次以良好的期望开始却以相见于法庭为结局的合作深感遗憾。

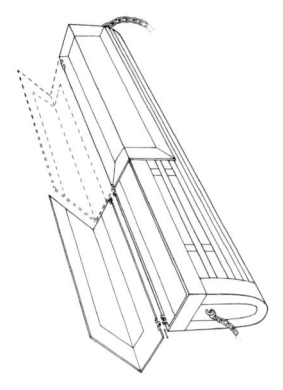

❶ 风波乍起

探索时代广场展览馆自2009年6月正式开门运营起，目标定位就是"为那些地方博物馆认为规模大、花钱多，对非营利性质的博物馆来说非学术或者商业性的巡回展览创建一个家"。2008年5月至2010年4月，兵马俑展览在美国橙县宝尔博物馆等地巡展的火爆自然也引起了探索时代广场展览馆管理层的注意。2010年1月，兵马俑展览还在巡展第四站华盛顿国家地理博物馆展出时，探索时代广场展览馆就开始联系陕西省文物交流中心，希望该展在华盛顿国家地理博物馆展览结束以后，巡展到探索时代广场展览馆。但因为当时这个展览在美国已展出了一年，又延展了一年，根据《文物出境展览管理规定》，根本没有再继续延展的任何可能了，探索时代广场

探索时代广场展览馆"中国兵马俑"文物展宣传画

展览馆只好暂时搁置了举办兵马俑展览的计划。继此次巡展之后，兵马俑展览的北美之旅又于 2010 年 6 月在加拿大皇家安大略博物馆开启。2010 年 12 月，在参观了皇家安大略博物馆正在展出的兵马俑展览，并拜会了皇家安大略博物馆的管理层和策展团队之后，探索时代广场展览馆馆长兼首席执行官詹姆斯·桑纳先生给陕西省文物交流中心写了一封言辞恳切的信，再次陈述了探索时代广场展览馆举办兵马俑展览的强烈意愿、该馆推广中国文化所具有的丰富资源和优势地理位置，以及为保证展览效果拟与皇家安大略博物馆在展览学术上达成合作意向。鉴于探索时代广场展览馆对举办兵马俑展览的热忱和坚持，陕西省文物局及陕西省文物交流中心在做了初步评估后，回函邀请桑纳先生和他的团队来西安面谈磋商。

  2011 年 5 月，桑纳先生和他们拟聘请的学术顾问——加拿大皇家安大略博物馆兵马俑展览的策展人沈辰博士，拜会了陕西省文物局及文物交流中心。双方就展览时间、展览主题、展览规模、展品框架等进行了商谈。之后，双方又经过多次邮件沟通，就展览时间、展品目录，以及协议中的有些条款进行了协商和调整。2011 年 10 月底，陕西省文物交流中心向国家文物局和陕西省政府分别提交了拟在探索时代广场展览馆举办兵马俑展览的项目申报文件。随后，从 2011 年 11 月底收到国家文物局的初审意见至2012年3月初，根据国家文物局和陕西省政府的要求，陕西省文物交流中心会同探索时代广场展览馆，又对展览申报文件进行了多次补充和修改，直至2012年3月8日重新上报了展览项目文件。4月5日，国家文物局下达了项目批文，陕西省文物交流中心与探索时代广场展览馆签署了正式协议。最终，展览于2012年4月27日在探索时代广场展览馆开展，并于8月26日闭幕。

根据双方签署的协议，探索时代广场展览馆应在展览闭幕后的14天内向陕西省文物交流中心支付第三期也是最后一期总计为10.8万美元的展览费用。依照惯例，交流中心于2012年9月中下旬首先向对方出具了第三期展费的收款收据，但直到10月18日，对方负责财务的托尼·维拉萨卡先生才给交流中心回了一封邮件，明确拒绝支付这笔展费。他对此的解释是，7月份，作为交流中心主任的我在给探索时代广场展览馆馆长兼首席执行官桑纳先生的一封邮件中，已经同意放弃最后一笔展费，并以此作为展览比"原定计划"提早结束而给他们造成的财务损失的补偿。

我确实在2012年7月12日给桑纳先生写过一封邮件，同意对方凭借从应给我方的展品图像、纪念商品等的版权费中扣除因展期缩短而造成的财务损失。在展览即将结束的一个半月之前，我为什么会给桑纳先生写这样一封邮件？而陕西省文物交流中心为什么要在协议规定的自我权益中做这样一个让渡呢？另外，版权费和展费是完全不同的概念，是我没表述清楚，还是桑纳先生或维拉萨卡先生故意混淆这两个不同的概念？

根据双方签署的展览协议，在展览闭幕后进行文物撤展工作时，我方应派一个4人工作组，协助、监督和指导外方的撤展工作，以保证外方对协议书的履行和我方文物的安全。展览的闭幕日期是8月26日，因为办理公务出境人员手续需要一定的时间，5月4日，陕西省文物交流中心的项目负责人就开始跟探索时代广场展览馆联系，请他们给我方准备去执行展览撤展的工作人员提供出访邀请函。虽然我方多次催促，但对方直到6月7日才来了回信，但并没有发来我方期待的人员出访邀请函，而是提出了将展览延期到9月9日的请求。在接到对方的邮件后，我们才明白对方迟迟不回复我方关于请对方提供出访邀请函的原因了。

2012年3月8日，在根据国家文物局和陕西省政府的要求重新上报"中国兵马俑"文物展项目文件时，我们除了在2011年10月底上报的文件基础上补充了合作单位的资质证明、展出场馆设施报告和展览大纲外，还进行了两处重要的修改。其中一处修改是邀请华美协进社与探索时代广场展览馆，共同承办此次展览。另外一处就是对展期的修改。基于对项目审批工作程序及项目批文下达后必需的几个工作环节的了解，我们清楚地知道，原来与探索时代广场展览馆商定的4月6日开幕日期显然是不可能了。经与对方商量，开幕日期推迟到了4月27日。关于闭幕日期，双方原来商定的是9月9日，但有关方面考虑到这个时间离"9·11"太近，担心会对文物安全产生威胁，交流中心便向探索时代广场展览馆提出了8月26日展览闭幕，从而保证在"9·11"之前，完成文物的撤展和回运工作的要求。鉴于如果新的闭幕日期不确定，展览申报文件就没有办法上报，4月27日的开幕日期可能还得再往后推迟的现实，对方只好同意将展览的闭幕日期确定为8月26日。

2019年6月7日，在接到对方希望展览延展到9月9日的请求时，我们不仅明白了对方迟迟不给我方撤展人员发邀请函的原因所在，而且也明白了对方希望展览延迟到9月9日的愿望一如既往地坚定。对此，我们能理解，对探索时代广场展览馆来说，9月初的一段时间是该展览馆吸引游客的关键期，但我们要履行报批手续的时间根本不够——展览延期同样要经过国家文物局的审批，即使我们从6月7日收到对方的延展要求就开始履行展览延期的报批手续，也很难保证在那么短的时间内走完所有流程。而展览延期申请如果最终得不到国家文物局的同意，那因走延期申请所造成的时间耽误，就极有可能使我们没有时间按照原来的计划为撤展人员办理出访手续，而这将使文物不能按协议规定的日期回运和入关。最终虽然探索时代广场展览馆也通过我驻纽约总领馆给相关方面做了一些工作，但多方商议的结果仍然是该展览延期的可能性不大。

实际上，即使从6月7日开始办理撤展人员出访的手续，时间也已经非常紧张了。因为在当时，办理国内公务人员赴美的出访手续流程一般需要3个月左右。所以，在与各方商议和沟通的过程中，交流中心的项目负责人和我分别给探索时代广场展览馆的展览负责人和桑纳先生写信，告知对方一方面延展的可能性不大，但我们会与上级各部门积极沟通延展事宜；另一方面，希望双方抓紧办理撤展手续。如果上级同意展览延展，拿到美国有效期一年的签证的中方撤展人员在随后的一年内可以随时去执行撤展任务，因而不管展览是如美方所愿延长到9月9日，或是后来双方"退了一步"商议的9月3日，都没有问题。邮件发出后，对方勉强接受了我方的意见，同意给撤展人员发出访邀请函。6月26日，我们收到了对方发来的人员邀请函，但却发现邀请函内容里面缺少展览的闭幕日期和工作日程安排，而这些是一个合规的邀请函的必备要素。看来，对方还是没有完全放弃延展的幻想。但如果再这样纠缠下去，我们的撤展人员显然就不能按期出访了,那随后展览的按期闭幕、文物的如期返还,当然也就不可能了。这样的情况一旦发生,将会引发非常重大的文物安全事件。

相关方面经过沟通之后,最终认为此次展览延展的意义不大,因而不能延展,这也意味着展览必须按期闭幕。在这样的情况下,如何让对方同意展览按期闭幕,中方撤展人员按期赴美进行撤展工作呢?经商议之后,陕西省文物交流中心决定以我的名义给桑纳先生写信,明确表示我方理解并承认因各种原因所造成的该展览展期缩短,使得探索时代广场展览馆的展览收入比预期减少,特别是因为要错过9月上旬可以吸引游客的黄金季节,对方会有一定的经济损失,我方同意探索时代广场展览馆从因使用我方提供的展品图像、制作和销售小卖品而应付给我方的版权费中做相应扣除。接到这封信后,对方也明白了我方关于展览不延展的决定是不可能改变的了,也就接受了我方在小卖品版权费用上的妥协,同意马上给撤展人员发合规的出访邀请函。

实际上,当对方终于同意给我方撤展人员发邀请函的时候,距离展览闭幕日期已不足一个半月了,在这么短的时间内,我方是无法给原定的撤展人员完成出访任务批件、护照、签证等一系列手续的办理的。经请示陕西省文物局,我们从文物局直属系统各单位中重新选了三位有护照和签证的工作人员,同

时请求探索时代广场展览馆给这三位新拟派遣人员发邀请函。拿到邀请函后,我们又在政府外事部门办理了任务批件,之后,几位工作人员才得以按期奔赴美国,执行撤展任务。9月6日,"中国兵马俑"文物展的文物按期返回西安,大家都长舒了一口气。但我们谁也没想到,文物安全回来之后,竟会因为最后一期展费又起风波。

❷ 先礼后兵

在双方签署的协议中,关于展费和版权费的概念及其付款时间都有明确的表述,按理说是根本不可能混淆的。而且,桑纳先生在回复我7月12日写给他的那封信中,也确认过从陕西省文物交流中心让渡的版权费中扣除的是相当于他们损失的那部分费用而已,事情是非常清楚的。所以,当收到维拉萨卡拒付第三期展费的邮件时,我们以为是发生误会了,所以,从9月下旬至11月下旬,文物交流中心的项目负责人和我多次给探索时代广场展览馆的维拉萨卡先生和桑纳先生写信,以求说明情况、消除误会。但是,不管我们怎样解释并出示以前的通信证据,对方都一味坚持因展期缩短,他们财务受损严重,且拒不认同我与桑纳先生在邮件中已互相确认过我们免除的只是版权费中相当于他们损失的那一部分。

　　多次沟通无效之后，我们只好求助被邀请成为美方合作单位的华美协进社从中调解。从2012年11月底到2013年2月底，华美协进社社长江芷若女士积极和桑纳先生联系，在多次打电话、语音留言后，终于与桑纳先生约定了被后者一拖再拖的双方会面商谈日期。双方虽然终于见了面，但会谈结果却并不理想。为了让探索时代广场展览馆履行与华美协进社的协议，不影响华美协进社的良好声誉，江芷若女士见自己不能说服桑纳先生，便在后来的会谈中请华美协进社的律师也参与其中，以求能说服探索时代广场展览馆，敦促其承担中美双方展览协议中的给付责任。经过华美协进社的大力协调，探索时代广场展览馆勉强答应付给我方3.5万美元，但这显然与应付给我方的10.8万美元展费的差距比较大。因此，华美协进社希望双方通过友好的方式解决纠纷的良好愿望和协调努力无果而终。

　　2013年3月，在陕西省文物交流中心法律顾问的建议下，我们决定给探索时代广场展览馆发律师函，目的是为通过协商方式解决纠纷再做努力。同时也告诉对方，如果对方拒不履行协议所规定的第三期展费的给付责任，我方将采取法律手段维护自己的权益。4月上旬，我们接到了探索时代广场展览馆及其律师的回函，他们依然坚持他们的理由，拒不支付拖欠我们的第三期展费。

明明是清清楚楚的事情，但对方继续罔顾事实，显然是压根儿不准备履行协议书中所规定的责任了。至此，我们对通过沟通和协调来解决探索时代广场展览馆拖欠展费一事已不抱任何希望了。在礼数周全、仁至义尽的基础上，不得已，我们走上了法律维权之路。我们要维护的不仅是我方的经济利益，更是要维护协议的严肃性和我们的尊严。

❸ 法律维权

根据双方签署展览协议第十三条之规定，"双方在执行本协议时，如发生争议和问题，由双方代表协商解决。如双方经协商后不能达成一致，需要时，双方则将纠纷提交中国国际经济贸易仲裁委员会仲裁。仲裁地点为北京，仲裁适用中华人民共和国相关法律，双方接受这家仲裁机构的最终裁决"，经与法律顾问商议，并请示陕西省文物局，我们决定就我们与探索时代广场展览馆展费纠纷一事向中国国际经济贸易仲裁委员会（简称"贸仲委"）申请仲裁。

经过4个多月的资料准备和委托授权办理，2013年9月11日，陕西九州同律师事务所的姚子奇、王小龙、徐楠三位律师作为陕西省文物交流中心的委托代理人,向贸仲委正式提交了书面申请。贸仲委立案后,随即向我方(申请人)和对方(被申请人)分别寄送了仲裁通知、仲裁规则和仲裁员名册,给对方的函件中还附有我方提交的仲裁申请及附件。2013年12月10日,贸仲委依法组成的仲裁庭在北京开庭审理此案。陕西省文物交流中心和美方合作单位华美协进社均委派律师出庭,但探索时代广场展览馆既未派代表参加庭审,之后也未在规定期限内提出任何意见或再次开庭审理此案的要求。

根据陕西省文物交流中心和华美协进社提供的证据,仲裁庭认为:(1)本案双方当事人所签订的协议书中关于展览期限的约定非常明确,申请人在约定期限内履行了合同义务。合同中没有任何条款表明延长展期是申请人的合同义务。(2)本案双方当事人所签订协议书在对展览费用的约定中对于借展费和版权费分别用了不同的条款加以规定,二者所指向的概念和内容不同。在双方磋商的过程中,申请人代表提出,如果被申请人不再坚持展览延期到2012年9月3日或9月7日,可以在付给申请人的版权费中扣减相当于被申请人损失的金额以做补偿。被申请人代表对此的回复邮件也明确同意,如果申请人同意减免相当于被申请人损失的版权费,被申请人也不再要求延长展期。双方对于扣减的标的均明确为版权费。(3)被申请人强调扣减的应该是"相当于其损失"的版权费,但却未提交证据表明申请人代表"同意承担相当于其损失"的版权费时,被申请人已告知过申请人其损失金额,也未提交证据表明申请人知道此项损失是多少数额。而根据常理,被申请人所声称的因为展览未能延长7天到10天的时间而损失的金额大于协议书的标的,即展期4个月的展费总额,申请人也是无法估量的。综上,仲裁庭认为,被申请人在双方往来邮件中所称由于不能将展览延期导致其承受损失,该项损失应由申请人承担,以及承担方式是申请人以"相当于其损失"的借展费和版权费来抵扣的理由不能成立,被申请人应当向申请人支付第三期借展费10.8万美元。

2014年3月31日,该案件审理终结,仲裁庭做出裁决。裁决如下:(1)被申请人向申请人支付第三期借展费10.8万美元。(2)被申请人向申请人支付人民币5万元以补偿其律师费用。(3)本案仲裁费人民币38784元,由被申请人支付。本裁决为终局裁决,自做出之日起发生法律效力。

接到仲裁裁决后,桑纳先生于2014年4月24日发来了一封口气相当强硬的邮件。他在邮件中表示:"我们一点儿也不意外,在处理我们双方的纠纷时,一个政府控制下的仲裁委员会必然会站在像你们陕西省文物交流中心这样一个政府所属机构一边的,这也是我们之所以没有出席贸仲委庭审的原因所在。是陕西省文物交流中心不遵守双方签署的协议,是你们中心的不诚信导致了我们经济上的巨大损失,但我们依然试图解决我们双方的纠纷,就像几个月前我方曾提出的建议,我们可以给交流中心付 3.5 万美元,因为我们认为相对于我们的损失,这样做是比较公平合理的。对以上所述,交流中心如果没有令人信服的反对意见,我们会依照我们的法律来处理这次纷争。"

我们清楚桑纳先生所说的是悖言乱辞,并且他之所以这么说,在很大程度上也只是虚张声势。因为我们双方在谈合作时就已有一个明确的前提,那就是展览对象是中国文物,必须严格受中国法律的保护,因此我们才会坚持在协议书中明确规定,双方发生纠纷不能解决需要仲裁时,仲裁机构是中国国际经济贸易仲裁委员会,而不是对方最开始提的一个位于第三国的国际仲裁机构,我们不能用美国或者其他任何第三国的法律来解决我们的争端。现在,让贸仲委已经生效的仲裁裁决切实执行下去,关乎的既是我方的权益,更是我国法律的尊严。基于探索时代广场展览馆的不合作,我们又踏上了寻求与纽约法律机构的合作、促使时代广场展览馆执行贸仲委仲裁裁决之路。

2014 年 5 月起,我们开始与中国驻美国大使馆和纽约总领馆,以及在美国有过合作的机构和同行联系,请他们帮我们推荐资信好的律师,帮助我们在美国执行贸仲委的仲裁裁决,切实维护我方的权益。在同行朋友的介绍下,2014年7月,我们与纽约黄与黄律师事务所取得了联系,并在其合伙人黄陈荧律师8月18日到北京出差时与其进行了面谈。根据我方介绍的情况,黄律师认为无论是协议书的规定,还是仲裁的结果都对我方有利,如果我方请求在美法院执行贸仲委仲裁裁决,从法律上是可行的,结果应该也是比较乐观的。黄律师的分析更坚定了我们在纽约维权的想法。2014年9月9日,我们与黄与黄律师事务所签订了委托代理协议书,我们在美国的维权活动正式启动。

经过几个月的资料准备,包括大量的文件翻译,2015年3月27日,我们的委托律师向美国纽约南区法院提交了申请书,请求法院对贸仲委仲裁裁决予以强制执行。根据美国的法律程序,立案后,法院会将立案通知送达被告,一个月后,被告要对此做出答复。此案中,法院要求被告做出答复的时间是5月1日。届时法院还会安排双方律师见面,商定证据开示时间。4月29日,我们接到律师的邮件,得知被告已向法院申请将答复的时间推延至5月21日,而且有与我方和解的意愿。

虽然对方回复时间推延了,但原定于5月1日召开的双方律师见面会却依然按计划进行。根据双方律师见面会后形成的决议，2015年6月12日前，我方必须将请求确认贸仲委仲裁结果的动议递交到法院；2015年6月26日前，对方要对此动议予以回复；2015年7月7日前，我方要对对方的回复予以回复。待贸仲委的仲裁结果被确认之后，法院才会执行这一仲裁裁决。

我方律师认为，对方申请推迟回复的做法，是想拖延时间以便拖延案件进程，其最终目的是想通过和解解决问题，以减少时间和费用成本，这也符合我方利益。如果和解条件能达到我们的预期，我们就不需要再提交动议，对方也不需要回复了，这既能减少时间和费用成本，又能达到我们想要的结果，显然是上策。我们接受了律师的建议，委托律师提出，希望对方能在法院规定的6月12日前提出和解条件。

2015年5月13日，我们收到了对方关于和解的最初方案：只支付第三期展费10.8万美元的80%，且分三期付款，每一期支付2.88万美元。第一次付款在签和解协议书的当天，第二期付款为6个月后，第三期付款再隔6个月。对方提出的和解方案显然与我们的预期目标有距离。我们希望完全执行仲裁结果，即全额支付第三期借展费10.8万美元，以及我们在贸仲委的律师费5万元人民币和仲裁费38784元人民币。另外，我们也对对方是否能及时付款心存疑虑。对方分三期付款，会不会再次生变？

　　6月12日之前，双方的和解条件没有谈妥。为了避免提起和应对诉讼，双方都同意向法庭申请将我方提交确认贸仲委仲裁的动议限期延期到7月10日，之后，双方又同意将提交动议的时间延到7月30日。经过反复磋商，以及我方律师的积极争取，2015年7月23日，对方终于同意全额支付拖欠我们的借展费10.8万美元，支付我们在贸仲委所支出的律师费和仲裁费的80%，约合1.1万美元，共计11.9万美元。费用分两期在一年内支付完毕，其中第一期费用5.95万美元，在签和解协议书之后立即支付；第二期费用5.95万美元，在签和解协议书12个月后完成支付。关于如何保证对方及时付款，在我们的要求下，我方律师让探索时代广场展览馆签署了一个判决宣誓书。此判决宣誓书，律师解释其作用是对方签了这个文件以后，如果对方没有按时付款，我方可以将这份文件递到法院，让法院冻结被告资产，以便用此资产保障我们的权益。

　　之后，又是漫长的双方关于和解协议书细节的商讨过程。直至2016年5月18日，双方才完成了和解协议书的签署。之后，对方向我方支付了5.95万美元的第一期欠款。6月11日，双方的和解协议书及相关文件在纽约南区法院备案之后，

该案结案。2017年5月，对方向我方支付了第二期欠款5.95万美元。对我和文物交流中心的项目负责人来说，直到这时，该案才算真正结束了。

❹ 经验教训

从2012年9月，因展费问题我们与纽约探索时代广场展览馆发生纷争起，至2017年5月，我们花了4年多时间，通过中美两国的法律机构，最终解决了纠纷，维护了我方的权益。回顾这些年的维权之路，特别是在翻阅当时的资料和档案时，我深深感到这其中的经验和教训很值得总结。

首先，是关于举办中国文物展览的外方机构的合作资质问题。我们此次与探索时代广场展览馆因展费问题发生经济纠纷，与对方不是一个真正意义上的非营利性质的博物馆有很大关系。探索时代广场展览馆是一个经营性质的机构，它的母公司是总部位于美国马里兰州的探索传播公司和位于美国纽约的Running Subway Productions娱乐产业公司。作为这两家鼎鼎大名的传播和娱乐公司旗下的一个机构，又凭借位于纽约时代广场纽约时报旧址大楼的位置优势及与纽约时报千丝万缕的联系，探索时代广场展览馆与探索网络和纽约时报建立了密切的合作关系。虽然陕西省文物交流中心在启动和探索时代广场展览馆的合作时，也对其机构的营利性质产生过犹豫，在2011年10月底向国家文物局上报展览项目申报文件时，也对此做了如实阐述。国家文物局也因此于2012年2月做出了暂不同意举办该展览的决定。之后，基于探索时代广场展览馆对兵马俑展览和中国传统文化的特别期待，陕西省文物交流中心请探索时代广场展览馆邀请一家非营利性的文化机构与其一同做美方的承办单位，因而华美协进社后来被邀请，成为美方合作单位之一，从而使得展览申请获得批准。虽然非营利性质的华美协进社，在我方与外方发生经济纠纷时，能对营利性质的探索时代广场展览馆起到一定的牵制作用，但因为他们两方订立的协议的相关约定，华美协进社在我们与美方签订的兵马俑展览协议中只有非常有限的作用和责任，所以，华美协进社对兵马俑展览协议的执行是起不到任何实质性的制约作用的。

　　关于举办中国文物展览的外方机构的合作资质问题，《文物出境展览管理规定》没有很明确的规定，只是在第十一条关于文物出境展览项目的书面申请应包括的内容中说明，我方要提供"合作各方的有关背景资料、资信证明和境外合作方的邀请信"。那什么样的资质，才是一个举办中国文物展览的境外合作机构的合格资质？什么样的资信证明，才能证明该机构合乎我方的要求？我想，如果今后相关部门在修订《文物出境展览管理规定》时能对境外合作单位的资质有明确的要求，或许能减少类似探索时代广场展览馆事件的发生。

其次，是关于举办中国文物展览协议书的规范性问题。从 20 世纪 80 年代中期陕西省可以独立举办出境文物展览以来，我们与外方签订了诸多展览协议。但在当时及后来很长一段时间内，由于各方面的条件所限，展览协议都不是很规范、完备，我们也因此吃过亏。2003 年 3 月至 7 月，我因随陕西省文物局主办的"中华文明源流——秦汉文物"展，亲自经历过由于我们签订的展览协议过于简单，展览外方机构破产而产生文物回运的责任无法落实的危机。危机发生后，作为外方承办机构的澳大利亚博物馆有感于我方与外方展览主办机构之间协议的简单而复印给我一份他们的展览合作标准协议，我这才发现，我们的展览合作协议竟然如此简单粗糙，与澳大利亚博物馆的展览合作协议简直不可同日而语。但是，经过 10 余年的发展，陕西省从事文物交流工作的领导和同人们在丰富的实践中根据国家相关法律和政策要求，同时借鉴国外博物馆合作举办文物展览签订协议的经验，不断改进和完善着与境外合作方的展览协议文本。目前，我们的展览协议文本基本称得上是形式完备、内容丰富，包括了展览名称、展览时间和地点、展览主办及承办机构、展品内容、展览宣传、展品点交与归还、展品紧急情况的处置、展品运输、展品保险、展览中方人员派遣、展览费用、不可抗力和未预见情况的处置、保密、仲裁、展览协议书的执行等方方面面的内容。正如中国国际经济贸易仲裁委员会对该案件的仲裁意见所述的那样："本案协议书形式合法,合同内容及相关条款明确,且不违反中华人民共和国法律和行政法规的强制性规定,签约双方均具有相应民事权利及行为能力。鉴此,仲裁庭认定协议书依法成立,合法有效,可以作为本案审理的基础。"可以说,该展览协议书从形式到内容的合法合规,是我们赢得此案的关键。

第三,是关于双方协议的法律适用和法律在协议文本中的具体体现问题。在于探索时代广场展览馆产生纠纷后,我们能直接向中国国际经济贸易仲裁委员会申请仲裁,并能根据贸仲委的裁决在美国当地法院申请执行,是与协议明确选择适用中国法律,并在协议书文本中对适用中国法律保护我国文化财产明确而具体的规定密切相关的。虽然《文物出境展览管理规定》第三十一条明确规定"文物出境展览合同纠纷的解决适用中国法律",但怎么让这一条在合同中具体体现,特别是在实际操作中,当境外合作伙伴不接受这一条款时,怎样让他们接受,我们也经过了一个从认识不清晰到清晰,并具体运用到实践中的过程。

在探索时代广场展览馆展览的筹办过程中,我方在发给对方的第一稿供讨论的展览协议书草案中,还是像以往一样,规定"双方在执行本协议时,如发生争议和问题,由双方代表协商解决。如双方经协商后不能达成一致,需要时,双方将纠纷提交一家中华人民共和国的仲裁机构进行仲裁。仲裁适用中华人民共和国相关法律,双方接受这家仲裁机构的最终裁决"。但对方对此并不同意,建议将此规定修改为"如双方经协商后不能达成一致,需要时,双方将纠纷提交一家国际仲裁机构仲裁,该仲裁机构可以为位于瑞士日内瓦,或位于英国伦敦,或者是另外的符合双方要求地点的仲裁机构。仲裁适用中华人民共和国相关法律及国际商务法律,双方接受这家仲裁机构的最终裁决"。

在过去与境外合作方洽谈展览协议时,我们与外方也经常在这一条上发生争执。一般情况下,外方最终会同意我方的意见;但有时候,双方争执不下时,我们也会采用"如双方经协商后不能达成一致,需要时,双方将纠纷提交一家双方均认可的仲裁机构进行仲裁"等类似的表述。但在过去的实践中,不管外方最终同意还是不同意我方"将纠纷提交一家中华人民共和国的仲裁机构进行仲裁"的意见,实际上就我们自身来讲，我们一直对此没有很清晰的认识，当然也没有什么能说服对方的充足理由。

幸运的是，当探索时代广场展览馆提出发生纠纷时由一家位于第三方国家的国际仲裁机构来仲裁时，我们没有像以前一样或因为协商时间紧张，或因为判断双方不会发生纠纷，在这一条协议上有所妥协，而是就此专门与我们中心的法律顾问及西安一些专门研究经济法和商法的法律界人士进行了广泛的讨论。经过讨论，我们明确了这些事情：首先，作为国家的文化财产，而且是不可再生的文化财产，中国的文物必须受中国法律的严格保护。其次，文物出境展览的审批机关是国家文物局，审批的依据是《中华人民共和国文物保护法》和《文物出境展览管理规定》，出现纠纷当然也应该在中国的法律框架内进行解决。基于这样的认识，在我们的法律顾问的帮助下，我们将这一条协议最终修改为"双方在执行本协议时，如发生争议和问题，由双方代表协商解决。如双方经协商后不能达成一致，需要时，双方则将纠纷提交中国国际经济贸易仲裁委员会仲裁。仲裁地点为北京，仲裁适用中华人民共和国相关法律，双方接受这家仲裁机构的最终裁决"。这个修改不仅明确了仲裁机构，还明确了仲裁机构所在的地点。这样的修改不仅符合《中国国际经济贸易仲裁委员会仲裁规则》，也杜绝了双方发生纠纷后因选择仲裁机构和地点可能出现的扯皮现象。而且，根据联合国 1958 年颁布的《承认与执行外国仲裁裁决的公约》（简称《纽约公约》）的约定，凡签署加入该公约的成员国，均负有承认仲裁协议效力的义务，均负有强制执行有效仲裁裁定的责任。目前已有 157 个国家加入了《纽约公约》，美国和中国则分别于 1970 年 12 月和 1987 年 4 月正式成为该公约的缔约国。所以，中国国际经济贸易仲裁委员会的仲裁裁决，在同样为《纽约公约》成员国的美国是应当被承认和强制执行的。

自己认识清楚了，在与对方商谈并说服对方接受我方主张时，理由也相对充分了，就不会只是强硬地给出"文物出境展览合同纠纷的解决适用中国法律是国家规定"这样令对方难以接受的解释了。说服对方并让对方接受发生纠纷时选择在中国国际经济贸易仲裁委员会进行仲裁，不仅体现了《文物出境展览管理规定》在发生纠纷后对法律适用的要求，还最大限度地保护了我们国家优秀的、不可再生的历史文化遗产。

2017 年 5 月，当探索时代广场展览馆将第二期欠款 5.95 万美元汇进我方的账户时，我一方面因最终维护了我方权益而深感欣慰，另一方面也为我在陕西省文物交流中心期间负责组织的 60 多个展览中，有这样一个不得不对簿公堂、寻求法律维权的合作而感到遗憾。

追求超越铸就的经典

香港历史博物馆"一统天下：秦始皇帝的永恒国度"文物展

2012年7月25日至11月26日，由陕西省文物局与香港康乐及文化事务署主办、陕西省文物交流中心与香港历史博物馆承办的"一统天下：秦始皇帝的永恒国度"文物展（简称"一统天下"展）在香港历史博物馆圆满举办。作为庆祝香港特别行政区成立15周年的重点项目，该展览在多个方面实现了突破和超越，成为香港历史博物馆成立以来最为成功的展览；跨越历史、艺术和科技，使展览成为激发创新、培育创意的开放平台；展览参观人数和活动参与人数打破纪录，在香港人民，特别是青少年学生中产生了深远而持久的影响。如今看来，这个展览以超越和创新为灵魂，在展览策划、教育项目设计、服务参观者等方面的尝试与实践，都堪称经典，值得我们认真分析，借鉴参考。

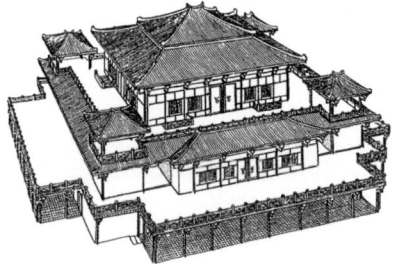

❶ 追求超越的宏大展览

香港历史博物馆的工作团队在"一统天下"展从2010年最初创意,到后来运作、筹备,再到2012年实施的整个过程中都在追求超越——超越以往的秦兵马俑展,超越自身以往的实践。也正是基于这一目标的有力驱动,该展览在展品的数量和构成、策展的角度、展览的主题设置、展示的手段、参观者的拓展等多个方面实现了突破和超越,使"一统天下"展不仅成为香港历史博物馆最为成功的展览,也成为众多秦兵马俑文物出境展览中经典的案例之一。

2010年,香港民政事务局和香港康乐及文化事务署为辖下的博物馆发展确定了新方向和目标,要求各博物馆草拟博物馆5年业务计划,加强宣传推广、举办大型展览并将展览延伸

嘉宾为香港历史博物馆"一统天下"展开幕剪彩

至馆外和海外以拓展参观者群、将教育活动扩展至不同社群、提供培育创意的平台以提升文化影响力、与社会加强伙伴关系等。正是在这一背景下,香港历史博物馆提出在2012年香港回归及香港特区政府成立15周年之际,举办一个大型秦兵马俑文物展览的构想。

这一构想不仅得到了香港民政事务局和香港康乐及文化事务署的支持,而且得到了香港特区政府的肯定。2010年年底,香港特别行政区时任行政长官曾荫权在北京向中央政府述职时,提出希望中央政府支持香港的十件大事,其中之一就是在香港回归及香港特区政府成立15周年之际,在香港历史博物馆举办一个大型的秦兵马俑文物展览。随后，中央政府将协助举办秦兵马俑文物展览一事交给文化部和国家文物局来具体落实。

2011年3月8日，国家文物局在北京召开了落实中央指示的协调会议，香港康乐及文化事务署、香港历史博物馆、陕西省文物局及陕西省文物交流中心的相关人员参加了会议。会议认为，秦兵马俑文物展如能于2012年7月赴港展出，对以文物为媒介，向香港同胞展示祖国悠久历史文化，推动香港与内地文化交流，增进香港民众的文化认同和民族认同，凝聚香港人心均具有重要意义。国家文物局态度明确，表示将大力支持此次展览的举办，并现场将这一重要展览交由陕西省文物局及陕西省文物交流中心承办。

在会议上，香港方面提出，希望展品中的秦兵马俑数量和一级品数量较以往的兵马俑展有所突破，超越2002年香港回归5周年之际，香港历史博物馆与陕西合作举办的"战争与和平——秦汉文物精华"展的规模。香港方面表示，同样是以兵马俑和秦汉文化为主题的展览，香港策展团队对于此次展览在展览的主题诠释以及展示手段等方面，已经有了很多想法和计划，而要实现这些构想，展品在规模和构成上的超越是根本。国家文物局表示，考虑到展览的重要意义，为确保展览的社会效益和宣传效果，同意在文物安全有保障的前提下，让此次展览在兵马俑的数量和一级品的数量上有所突破，但也应遵守国家文物局出境展览全球管理的基本规范和惯例。

2011年4月6日，香港康乐及文化事务署及香港历史博物馆的代表到访陕西，开始与陕西省文物局及陕西省文物交流中心就展览的主题、规模、展品构成、展览具体举办时间、双方的责任和义务、展览费用等进行具体磋商。从那时起到2012年2月陕西省文物交流中心通过陕西省文物局给国家文物局上报赴香港举办"一统天下"展计划的10个月时间里，陕西省文物交流中心根据国家文物局关于展览规模和展品构成的指导意见，与省内各文物收藏单位及香港历史博物馆进行了多次协商、沟通，最终从全省13家文博单位挑选了123件（组）文物展品，其中文物展品120件（组），复制品和辅助展品3件（组）。文物展品中的一级品共45件，占文物展品总数的37.5%，远远超出一般出境展览一级品不超过20%的规模。文物展品中的秦兵马俑共20件，包含将军俑、武士俑、立射俑、跪射俑、骑兵俑、步兵俑、御手俑、百戏俑、鞍马、车马等16个种类，其中带彩绘的俑5个。这不仅突破了2010年以来出境展览中秦俑最多为10个的上限，而且在秦俑种类的多样化以及彩绘秦俑的数量上，也都较之前的秦兵马俑出境展览有了很多突破。

　　文物只是展览的素材,最终取决展览"大餐"效果的还是展览的叙事和表现方式。而展览叙事最重要的就是叙事的角度和主题。香港历史博物馆在选择展览角度和展览主题时,也力求不落窠臼,着重于从秦文化与香港所在的岭南地区的关系、秦与我们现今所处时代的关系来思考,以期引起参观者思想和情感上的共鸣,拉近展览与参观者的距离。从这样的角度出发,展览分为三大主题,即"一统天下:从嬴秦到秦帝国""骊山陵园:秦始皇帝的永恒国度"和"永续留存:秦文化大遗址保护"。另外,展览还从参观者角度出发,在三大主题之下穿插了不少有趣的单元,例如"秦人与马""秦咸阳宫""秦始皇帝的名字及称谓""秦朝和水德""秦朝的爵位和刑罚""阿房宫""嬴政的形貌与性格""秦王子婴""秦始皇帝的公子与公主""秦俑彩绘的保护"等,目的是让参观者能从多个方面深入浅出地了解秦代历史和文化。

　　在展览的表现方式方面,香港历史博物馆的"一统天下"展更是让业界和参观者为之惊叹。不管是展览的空间布局,还是辅助展览设施的运用,设计者都将创意发挥得淋漓尽致。展览不仅有文物展示区,还包括多媒体体验区和广场氛围营造和功能区。其中文物展示区位于专题展厅,面积约1000平方米,

香港历史博物馆门口台阶上的立体地画

香港历史博物馆广场上的立体地画

展出123件（组）展品和3项多媒体项目；多媒体体验区位于紧邻专题展厅并经过专门改造了的博物馆大堂，面积约850平方米，展出6套多媒体项目；广场区面积约1800平方米，展出秦兵马俑坑巨型立体地画和卡通版兵马俑，并设有售票处、询问处、拍照区、衣帽间、小吃亭和纪念品销售点等功能区。整个展览在空间布局上打破了一般展览主要设置文物展示区的惯例，设置了专门的多媒体体验区和氛围营造区，辅助展览空间的面积是文物展览空间的2.5倍多。这些辅助展示区的设置，让参观者在观看展品和文物之前，能有比较充分的知识和情感的准备，以使其在文物展示区的参观更有效果。同时，辅助展示区也使参观者的博物馆体验不仅限于观看展品和文物，还能通过氛围营造区的导引和多媒体体验区的互动，产生强烈的浸入式体验感和深度的参与感，丰富参观体验。

拓展参观者也是"一统天下"展策展时的目标之一。从2011年对参观者的意见调查中，香港历史博物馆发现，其参观者主要集中在20—59岁的人群中，年轻参观者的比例不是很高。因此，香港历史博物馆策展团队希望借"一统天下"展拓展参观者，特别是8—19岁的年轻参观者。为此，香港历史博物馆围绕展览内容共设计了34项202节创意教育项目。其中，亲子项目是为12岁以下的孩子与父母一起参与设计的，有"秦俑机械人设计亲子工作坊""秦俑试身室""亲子成语故事坊""秦俑陶塑工艺手作坊""兵马俑模型制作""古代文物发掘""冰皮月饼制作""秦俑花灯制作示范"等；校际比赛系列则有兵马俑文物纪念品设计比赛、秦始皇历史漫画绘画比赛和"我最喜爱的展品"征文比赛等。这一系列的活动极大地拓展了展览的参观者，吸引了广大青少年群体的参与。香港历史博物馆2013年的参观者调查显示，其各个年龄层的参观者人数均有上升，上升最为明显的是12—19岁年龄层的参观者，上升幅度竟高达10.3%。

正是因为"一统天下"展在展品的数量和构成、策展的角度、展览的主题设置、展示手段，以及参观者的拓展等方面的突破和超越，该展览不仅成为香港历史博物馆成立以来最大的专题展览，而且还以其独特的策展角度、引起参观者共鸣的展览主题、新颖的展示手段和富有创意的教育活动，吸引了超过42.5万的参观者和45万的活动参与人，打破了香港历史博物馆历年专题展览的参观人数纪录。"一统天下"展在展示手段和教育活动策划方面也超越了以往秦兵马俑在全球各地举办的展览，在很多方面更是超越了香港历史博物馆自身以往的实践，从而成为秦兵马俑出境展览史上一个非常经典的案例。

❷ 激发创新的开放平台

作为融合东西方文化的时尚之都,激发创新意识、培育创意能力是香港全社会的共识,也是香港社会引以为傲的文化特质。香港历史博物馆借助"一统天下"展的策展契机,不仅着力激发自身团队的创新意识,而且还让展览成了社会各界共同创新的开放平台。

最能体现"一统天下"展团队创新意识的,莫过于打破历史与科技界限创设的多媒体体验区。香港历史博物馆策展团队在严格遵守历史和考古资料的前提下,与水晶石技术团队联合攻关,在多媒体体验区开发设置了"秦人与马""发现地下王国""军人本色""地下兵团的秘密""兵俑工坊"及"飞越秦始皇陵"等6套原创多媒体项目,以创新的科技手法,深入浅出地演绎秦朝历史、文化、文物及兵马俑的故事,大大提升了展览的教育性和趣味性。其中"秦人与马"的影片长约4分钟,用新颖的电影手法和动画技术,以"马"为中心,重构秦人600年发展历史——从秦人如何由先祖驯马有功、获分封立国,到之后与马并肩作战、东征西讨、一统帝国;从秦始皇大驾出巡的盛况,到秦始皇暴死出巡途中,用车马将之运返都城,展示了秦人与马不可分割的关系。"发现地下王国"运用增强现实技术,通过高清摄影机,参观者可以看见自己与秦兵马俑及水禽同时出现在荧幕上,铜车马向参观者徐徐驶来,御手俑与参观者亲切互动。"地下兵团的秘密",用一幅

游客在香港历史博物馆体验"发现地下王国"多媒体互动项目

7米高的浮雕墙作为展示载体,墙身顶端饰以气势磅礴的秦军阵浮雕。当参观者仰视时,便能感觉充满动态的秦军似乎要俯冲下来。在秦军阵下方设有两个投影屏幕,动态演示着有关兵马俑的相关知识,并通过提出相关问题及给出答案的方式,加深参观者对兵马俑的认识,帮助参观者更好地理解文物展示区展出的文物。"军人本色"采用雕塑与多媒体相结合的方式,再现兵马俑的制作、被损坏以及修复和保护的过程。"兵俑工

坊"是一个互动体验区，包括"千人千面"和"复原彩绘"两部分。参观者先在广场区拍照，然后到这个区域的交互装置前输入自己之前拍照的号码，就可以看到一个自己模样的立体兵马俑了。当一千名参观者进行了这样的操作，就创造出一千个不同面容的兵俑，从而展现出秦兵马俑"千人千面"的生动景象。在"复原彩绘"区，参观者可以通过触摸屏幕上的彩绘程序，为兵俑重新赋彩着色，而小朋友则可以给为他们特别设计的卡通版将军俑上彩。最让参观者震撼的则是"飞越秦始皇陵"。它通过32台投影机的无缝拼接融合技术，在巨型环回悬浮幕上形成一个超大的影像矩阵，并以超越IMAX（巨幕电影）影片标准的解像度，为参观者带来前所未有的视听享受。参观者踏上环回悬浮屏幕，会感觉自己仿佛在空中飞翔，跨过秦岭，穿越时空隧道，来到骊山脚下，并深入地底置身俑坑之内，目睹当年秦陵的建造和后来的焚毁，以及1974年的被发现和时至今日的考古发掘。

孩子们在香港历史博物馆体验"飞越秦始皇陵"多媒体项目

以多媒体技术来阐释文物所面对的挑战着实不少,既有内容的选取以及内容准确度和吸引力的问题,也有技术的呈现以及现实条件局限的问题。比如在"秦人与马"项目中,以"马"作为切入点,述说马与秦人的关系,以及马在秦人立国以至统一中国过程中所扮演的角色是极具创意的。其中,关于秦兵马俑中马的品种和造型、车马阵式、秦兵配备,以及车轴、车毂、车轮辐条数目和马车有无篷顶等问题,展览的学术总顾问、西北大学的段清波教授和香港历史博物馆的策展团队都经过了多番论证才确定下来,以确保影像的准确性和教育意义。在"地下兵团的秘密"项目中,为了保证秦军阵下方两个投影屏幕上演示的有关兵马俑的问题是参观者真正感兴趣的问题,策展团队预先向馆里其他同事征集问题,之后把问题分门别类并草拟了答案。这个多媒体项目不以技术取胜,而以内容"接地气"产生吸引力,令很多参观者驻足观看,成为最受欢迎的多媒体项目之一。

香港历史博物馆"一统天下"展上的卡通兵马俑

在所有的多媒体项目中,最具创

新性和挑战性的莫过于"飞越秦始皇陵"了。为完成这个多媒体项目,香港历史博物馆的策展团队和陕西的展览学术顾问做了大量的资料搜集和考证,以确保秦岭地貌、四季景致、帝陵结构,以及建造方法与过程、项羽军队对帝陵的破坏、自然界的威力、兵马俑发现的情景、考古发掘的情况等,都能与事实及考古、历史资料相吻合。为了在空间上满足项目的需求,香港历史博物馆不仅把原问询处的柜台移到馆外,还将天花板升高。另外,因原有天花板的颜色是白色,试验后发现投射效果不理想,便将天花板的颜色改为黑色,以减少光线折射,从而创造出令人满意的投射效果。而在项目的硬件设施方面,制作方水晶石技术团队更是专门调拨了独立的高速伺服器及300台高配置的渲染机,并在项目的前期设计、内容制作、技术开发、施工安装等方面进行了合力攻关、积极研发。在文物展览中使用巨型环回悬浮幕,并使用32台投影机无缝拼接融合技术,在中外文物展览中都是首次,是文物展示手法的重大突破和创新。

"一统天下"展不仅是一个激发自身团队创新的平台,还是一个培育社会创新意识的开放平台。它通过5项公共艺术活动,启发青年学生及一般公众,以秦兵马俑和秦文化为元素,发挥无限创意和想象,将历史文化融入现代生活。其中的"秦俑机械人设计亲子工作坊",让小孩与父母合作创作秦俑形象的机器人,利用三维打印机设计及制作秦俑机器模型,使秦俑活了起来;"由兵马俑启发设计:动画/录像设计比赛"活动,面对全香港中学生,让参与的学生编写及制作一套以兵马俑为主题的动画或录像,旨在以全新角度培养中学生的创意设计思维,并从设计过程、作品的原创性和创意度、表达手法三个方面对作品进行评判,评出"最具创意设计"作品;"秦俑产品设计比赛:设计体验营2012"通过设计工作坊、创意文化游,参观本地从事设计、艺术及文化活动的公司或工作室,与著名专业设计师及创作人员直接对话、互动等一系列活动,培养学员的创意思维,启发学员思考和探索设计与历史及文化的关系;"裳·俑时装设计比赛",面对香港、澳门及内地时装设计系学生或毕业3年以内的人士,让其以秦兵马俑为主题,配合创新思维,设计时装。这4项别开生面的公共艺术活动结束后,香港历史博物馆举办了第5项公共艺术活动——"由兵马俑启发设计"展,展出的就是前述4项公共艺术活动的获奖作品。展览在香港文化中心举办,共吸引了高达12.5万参观者前去参观。

"一统天下"展突破一般文物展览的局限,打破历史、科技与艺术的界限,开发多媒体项目和公共艺术项目,不仅激

发了自身团队的创新思维,也将以历史文化为根基发展创意的理念,植根于社会大众,特别是青少年中,成功使文物展览成为激发创新意识、培育创意能力的开放平台。

❸ 优质服务的金奖获得者

2013年12月23日,"一统天下"展已结束一年多,我突然又接到了香港历史博物馆总馆长萧丽娟女士的传真。她在传真中非常高兴地与我分享了她领导下的香港历史博物馆"一统天下"展策展团队,荣获香港特别行政区政府2013年"公务员优服务奖励计划队伍奖(一般公共服务)"金奖的喜悦,并再一次感谢陕西省文物交流中心各位同人在展览筹备和展出过程中给予他们的大力支持和全面协助。香港的"公务员优服务奖励计划"活动每两年举办一次,其评审人员来自社会各界,包括业界专家、立法会议员、区议员、公务员中央评议会代表和公务员事务局首长级人士等。博物馆的展览要获得各方的承认和肯定着实不易,我能体会到这个优质服务金奖沉甸甸的分量。虽然这个奖不是直接颁发给我们的,但因为其中也包含了我们项目团队的付出和努力,我和我的同事们在得知香港历史博物馆获奖后,也和萧馆长一样高兴,觉得这是那个圣诞节我们收到的最好礼物。

想想香港历史博物馆在"一统天下"展展出期间为公众提供的各项服务,我们觉得这个金奖实至名归。为了让"一统天下"展和展览的各项教育活动能及时为广大公众所了解,香港历史博物馆利用多元宣传渠道进行了许多宣传:专门设计的网页在展览筹备期间已开始运营,通过不断更新网页内容,报道展览筹备的最新情况、展览开幕后的最新安排以及售票情况等,让公众第一时间了解展览筹备讯息和展览相关资讯。展览网页由开始至结束的6个月内,共有3200万次的点击率,每日平均点击率高达18万次。为了吸引年轻人及使用智能手机和社交网络的群体,香港历史博物馆还设置了推特和脸书专页,以铠甲军吏俑为向导,在专页上引导公众了解展览和教育活动讯息、兵马俑小知识,并与公众互动。同时,博物馆还制作了手机应用程序,除提供展览资讯外,还设有小游戏,以提高公众对秦代历史文物的兴趣。

香港历史博物馆还举办了国际学术研讨会、公众讲座,编辑出版了论文集、图录、图册、折页、光盘等,以满足不同群体的需求。在学术层面上,为推动对秦代历史文化的研究及对秦始皇陵和秦代文物的保护,博物馆举办了为期两天的国际学术讨论会,邀请了中国、日本和英国的16位专家学者展示研讨,并出版了《一统天下:秦始皇帝的永恒国度国际学术研讨会论文集》。同时,为一般公众安排了9场讲座,分别从美术考古、建筑、音乐、地理、典籍、天文、饮食等多个角度解构秦代历史和文化。每场讲座都座无虚席、广受欢迎。博物馆又编撰了《一统天下:秦始皇帝的永恒国度》图录,将展览内容和展品都收录其中。图录在展览结束前就已售罄,说明它很贴合公众的需求。在编撰图录的同时,博物馆又将图录予以简化,出版了结构、体例相近的图册,以适应不同需要的参观者。由于得到了香港赛马会慈善信托基金的慷慨赞助,香港历史博物馆将这份图册免费送给了全港共1322家中小学和青少年中心的图书馆,以及64家公共图书馆。此外,博物馆还以轻松的写法编写了介绍展览的《一统天下:秦始皇帝的永恒国度参观全攻略》小折页,并免费发送给参观者。展览结束后,博物馆又将多媒体项目内容制作成光盘,免费发给全港的中小学及大专院校,与教师和学生共享;还与教育局合作制作"一统天下"展教材,到8家中学与将近1200名学生分享展览的主题与理念,以及获得"公务员优服务奖励计划队伍奖"金奖的意义与背后的意义;又制作展览虚拟版上传至博物馆网页,与市民重温大展盛况。

另外,香港历史博物馆还特别与香港展能艺术会合作,专门为残障人士推出了"博物馆共融计划",通过手语传译、口述影像导览、模型制作及触摸兵马俑陶塑模型等方式,与听障、视障、智障及身体残疾的人士,分享"一统天下"展,帮助他们了解秦代历史和文化,约1000名残障人士参加了相关活动。

为了收集参观者对展览和服务的意见,香港历史博物馆在展览开幕前三天进行了两次场地压力测试,邀请不同层面的参观者参观展览,并在参观后填写有关展览展示、入场安排和相关服务的问卷,根据意见优化服务;在展览开幕后,针对展览人数爆棚现象,博物馆特别延长了展览开放时间、增设了售票点并在网上进行售票;对参观时间进行科学分段、调整每时段通行证配额,以减少参观者的等候时间并保证参观效果;增聘13位展览大使,为参观者提供咨询和协助;在售票处和等候入场处设置多部冷风机,让等候的参观者更感舒适。此外,香港历史博物馆的优质服务还体现在多个方面,如为学校组织的学生提供免费交通工具和导览服务,鼓励学生团体踊跃参观;为公众设计多种价廉物美的文创产品,让大家把展览带回家;等等。

正是因为"一统天下"展在展览策划、激发创新、拓展参观者、服务参观者多方面取得的超越和突破,该展览除策展

团队获得香港特别行政区政府 2013 年"公务员优服务奖励计划队伍奖"金奖之外,其成功举办也于 2012 年被评为陕西文物工作十件大事之一,陕西省文物交流中心也因此展览被国家文物局表彰奖励。2014 年,该展览策划的教育活动在首届"中国博物馆教育专案示范案例"活动中被评为第三名。此外,自举办了"一统天下"展之后,香港历史博物馆获得的赞助不断增加,获赠的文物数量明显增长且质量也有显著提高。全球知名的旅行资讯网站 Trip Advisor,根据游客对各地景点的评价,为香港历史博物馆颁发了"旅行者之选"奖项及 2013 年和 2014 年两届"卓越奖",并将该馆列为亚洲 25 大博物馆的第七位和中国十大博物馆的第三位。同时,该博物馆还在游客选出的 430 个香港景点中名列第三。这一切的成绩和荣誉,都与"一统天下"展的大获成功及连带效应密不可分。

"一统天下"展作为庆祝香港回归 15 周年的重大文化项目,被香港政府于 2010 年和 2011 年两次列入请求中央政府支持的事项中。中央港澳工作协调小组、国务院港澳办以及文化部在展览的筹备和举办过程中给予了高度关注,并多次督办展览各项事宜;国家文物局和陕西省文物局更是进行了积极的协调和具体的指导;香港民政事务局、香港康乐及文化事务署也多次与各方进行沟通磋商,这一切都是展览成功的基本前提。

香港赛马会慈善信托基金的独家慷慨赞助，让展览及超出展览本身的所有梦想都变成了现实。当然，展览举办的合适时机，也是其备受瞩目并获得各方支持的重要原因。正如时任香港特别行政区政务司司长林郑月娥在展览开幕式致辞中所说的那样："秦朝在中国历史上是一个极重要的时期，开创了国家大一统的局面。也就是在2000多年前国家走向统一的时候，包括香港在内的岭南地区，正式被纳入当时中央政府的管治范围。因此，在香港回归祖国15周年时举办这个展览，实在具有特殊意义。"而最重要的是，香港和内地两个工作团队的不懈努力，特别是香港历史博物馆工作团队追求超越的精神和具有无限创意的理念，成了展览被打造成经典的根本保证。而我，则为自己曾经参与其中而深感荣幸和自豪。

跨越时空的碰撞

瑞士伯尔尼历史博物馆"秦始皇及其兵马俑"文物展

2013年3月至11月,"秦始皇及其兵马俑"文物展(Qin—The Eternal Emperor and His Terracotta Army)在瑞士伯尔尼历史博物馆(Bern Historisches Museum)成功举办。作为中瑞建交60多年来最大规模的一次文化交流活动,此次展览在瑞士及其周边地区引发了极其热烈的反响。展览举办期间,适逢李克强总理访问瑞士,他在伯尔尼历史博物馆参观该馆最为经典的常设展览"阿尔伯特·爱因斯坦"展时,高兴地说,秦始皇兵马俑和爱因斯坦两个展览同时展出,东西方文化握手,让中瑞两国文化精华实现了跨越时空的碰撞。

正如李克强总理所言,就像兵马俑是中国的文化名片和西安人的骄傲一样,阿尔伯特·爱因斯坦也是瑞士及伯尔尼最为宝贵的精神财富。两国文化精华能在伯尔尼历史博物馆实现跨越时空的碰撞,在很大程度上还要得益于早先时候伯尔尼历史博物馆在中国举办的"阿尔伯特·爱因斯坦"巡回展。中瑞两国文化精华的奇妙因缘,为合作举办"秦始皇及其兵马俑"文物展的中瑞双方工作团队,提供了绝佳的文化碰撞良机。通过交流与合作,双方互相了解并建立了信任和友谊,从而保证了"秦始皇及其兵马俑文物展"的成功举办。而此次与伯尔尼历史博物馆的合作,也是我在负责陕西省文物交流中心工作近8年时间里,所见证的所有陕西文物出境展览合作中最愉悦和最难忘怀的一次。

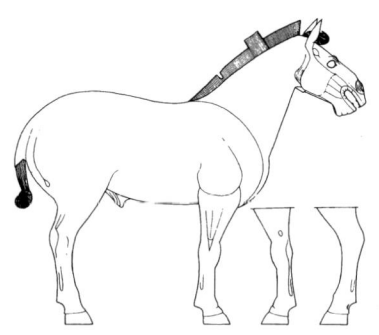

❶ 兵马俑与爱因斯坦的奇缘

瑞士虽然只是中欧的一个小国,但对大多数中国人来说,它并不陌生。旖旎的湖光山色、安全的金融体系、精准的瑞士手表、精巧的瑞士军刀,构成了国人对瑞士比较丰富且具体明了的印象。然而,爱因斯坦与瑞士及瑞士首都伯尔尼的关系,却并不为很多人所了解。

"世纪伟人"阿尔伯特·爱因斯坦,被公认是继伽利略、牛顿之后最伟大的物理学家,他创立的狭义相对论、广义相对论、量子理论、能量守恒等一系列理论,使他当之无愧地成为现代物理学的开创者和奠基人。爱因斯坦于1879年出生于德国南部乌尔姆市的一个犹太人家庭,1896年,当他17岁时,迁居瑞士第一大城市苏黎世,此后直到1911年,爱因斯坦一

新哥特风格的伯尔尼历史博物馆老建筑正面

直居住在瑞士。在瑞士的这 15 年间，他完成了在苏黎世联邦理工大学的学习，取得了苏黎世大学的博士学位，担任过伯尔尼专利局的技术员及伯尔尼大学讲师、苏黎世大学的副教授。而在此期间的 1905 年，更是因为爱因斯坦的一系列卓有成效的研究而被称为"爱因斯坦奇迹年"。这一年的 3 月，他提出了光量子假说，解决了光电效应问题，这一研究成果使他于 1922 年获得了诺贝尔物理学奖；4 月，他向苏黎世大学提交了《分子大小的新测定法》论文，取得了博士学位；5 月，他完成了论文《论动体的电动力学》，独立而完整地提出狭义相对原理，从而开创了物理学的新纪元。

爱因斯坦热爱瑞士。他于 1900 年申请加入了瑞士国籍，并且直到去世都一直保留着这一身份。爱因斯坦的这个选择，无疑是对瑞士民主、中立的社会氛围和开放、宽容的教育与研究传统的肯定。瑞士人民也以爱因斯坦为荣。在瑞士，处处可见各界群众对爱因斯坦曾在瑞士生活和工作的深情怀念。国家档案馆保存着爱因斯坦的求职信和课时表；欧洲核子研究中心有一条"爱因斯坦路"；苏黎世联邦理工大学物理系所在的科学城校区，也有一条"爱因斯坦大街"；就连瑞士著名的钟表公司——浪琴公司，也因爱因斯坦买过两款浪琴表而引以为傲。

作为爱因斯坦发表其最重要的科学发现时的所在之地——

爱因斯坦故居所在的伯尔尼老城区克拉姆大街街景

伯尔尼，更是将爱因斯坦视为城市最宝贵的精神财富。伯尔尼的"爱因斯坦学会"有230余名会员，其宗旨之一就是奖励那些在弘扬爱因斯坦文化遗产方面有杰出贡献的人士和组织。伯尔尼大学的基础物理研究机构被命名为"爱因斯坦研究中心"。位于伯尔尼克拉姆大街49号的爱因斯坦故居至今保存完好，供人凭吊。故居北墙上题刻着爱因斯坦一段自述："狭义相对论是在伯尔尼的克拉姆大街49号诞生的，广义相对论的著述也从伯尔尼开始。"这不仅是爱因斯坦眷恋伯尔尼的明证，也展示了伯尔尼人对爱因斯坦曾经生活在自己的城市的无上自豪。伯尔尼历史博物馆拥有世界上最大型的关于爱因斯坦生平的常设展览，这也是世界上第一个常设的爱因斯坦专题展。同时，自2007年2月1日开展后，该展览也成了伯尔尼历史博物馆最受参观者欢迎的展览。许多到伯尔尼历史博物馆参观的人，就是专为看这个展览而去的。在瑞士，平均每20个人中就有一人看过这个展览。这也是2013年5月25日李克强总理在瑞士进行国事访问时，去参观伯尔尼历史博物馆爱因斯坦专题展览的原因所在。

爱因斯坦不仅属于瑞士、属于伯尔尼，更属于全人类。爱因斯坦是一个"世界公民"，这不仅因为他拥有德国人、瑞士人、以色列裔美国人的多重身份，还因为他的求知欲、创新性和数学天才给全世界人民带来了精神财富和科研成果。当然，爱因斯坦受全世界人民的爱戴，也不仅是因为他那些深奥和不可思议的科学成就，还因为他平易近人、谦逊幽默的人格魅力和对世界和平的伟大贡献。也正因为此，2010年，在瑞士联邦与中华人民共和国共庆建交60周年之际，在瑞士驻华使馆的大力支持下，瑞士伯尔尼历史博物馆于2010年5月至2012年6月，先后在北京、广州、香港、上海、武汉，举办了"阿尔伯特·爱因斯坦"展的5站巡展，与中国参观者共同分享阿尔伯特·爱因斯坦这位20世纪最伟大科学家丰富的内心世界和不同寻常的天才智慧。

2010年春天，刚刚履新伯尔尼历史博物馆馆长职位没有几个月的雅各布·梅斯里博士，就从前任手里接过了到中国举办"阿尔伯特·爱因斯坦"巡展的工作。对中国进行"补课式"了解后，梅斯里馆长意识到，大多数欧洲人，也像他一样对中国的认知主要来源于有限的几部中国电影和随处可见的中国餐馆。那种对中国"中世纪王国"的想象离真实中国的距离竟然如此遥远，就像他后来于2012年11月15日在自己的微博中所写那样："虽然中国已经快速地成长为世界经济的领导者，虽然我们生活中到处可见中国制造的圆珠笔、相机和厨房用具，但我们对中国依然很陌生。""瑞士与中国相隔12000余公里,这个距离比瑞士与许多国家的距离都要遥远,但两国之间的遥远不仅是地理上的,更是文化上的。"

这些思考和认识,特别是因到北京出席"阿尔伯特·爱因斯坦"巡展第一站的开幕式,平生第一次访问中国的亲身体验,使梅斯里馆长认识到中国与瑞士的鲜明差别和中国文化的源远流长。作为一位正在图谋伯尔尼历史博物馆更大发展的新任馆长,"文化交流"一下子跳进了梅斯里馆长的脑海中。对,爱因斯坦去中国,秦始皇来瑞士。

之后,梅斯里馆长开始"试水"。在与瑞士驻华使馆沟通这个想法得到支持后,他直接联络到了负责兵马俑出境展览的陕西省文物交流中心,亲赴西安,面对面探讨在伯尔尼历史博物馆举办兵马俑展览的可行性。随着"阿尔伯特·爱因斯坦"展在中国不同城市的依次开展,在瑞士伯尔尼历史博物馆举办"秦始皇及其兵马俑"文物展的构想,也从梅斯里馆长单方面的设想,变成了陕西省文物交流中心和伯尔尼历史博物馆两个团队共同努力的目标,之后更是从中瑞两个国家不同性质的文博机构之间的业务合作,上升为两国建交60多年来最大规模的一次文化交流活动,得到了中国驻瑞士、瑞士驻中国两国大使馆的大力支持和高度肯定。

在各方的共同努力下,"秦始皇及其兵马俑"文物展于

2013年3月15日在伯尔尼历史博物馆顺利开幕。之后,我国驻瑞士大使馆专门致电我外交部、国家文物局、陕西省文物局,对展览在配合国家外交大局、宣传中国传统文化方面的积极作用予以充分肯定。2013年5月25日,李克强总理参观伯尔尼历史博物馆时,"秦始皇及其兵马俑"文物展也为总理的伯尔尼历史博物馆参观之旅锦上添花。李克强总理关于两国文化精华同时展出,实现跨越时空的碰撞的评价,也随着新闻报道传遍全球,使得总理的伯尔尼历史博物馆之行成为他此次赴瑞士进行国事访问行程中的一个亮点。

❷ 梅斯里馆长的西安之旅

2010年5月,伴随着伯尔尼历史博物馆"阿尔伯特·爱因斯坦"展在中国巡展第一站——中国科学技术馆的开幕,伯尔尼历史博物馆馆长雅各布·梅斯里博士的西安之旅也开启了。将在陕西乃至中国最具代表性的兵马俑展览带到瑞士,带到伯尔尼历史博物馆去,是梅斯里馆长第一次踏上三秦大地的唯一目的。之后,随着"阿尔伯特·爱因斯坦"展在广州、香港、上海、武汉的依次开展,梅斯里馆长一次次地来到西安,与我们一起逐步推进兵马俑展览项目的落实。在兵马俑展览项目推进的关键时期，2011年12月，他又专程来到西安，与我们具体商谈兵马俑展览的主题、大纲和展品问题。梅斯里馆长的六次西安之旅，使他成为陕西省文物交流中心所有对外合作中，因为一个展览项目，而且还是一个非常顺利的展览项目，来访最多的外方决策者。而这次与伯尔尼历史博物馆的合作的顺利，也正是梅斯里馆长多次西安之行的必然结果。双方"操盘人"在前期筹展阶段多次面对面的深入沟通，为双方团队在后来实际操作过程中默契且顺畅的合作，奠定了坚实的基础。而对我个人来说，与梅斯里馆长的交集是这样开始的。

2010年5月5日早上，刚一上班，我就像往常一样打开电脑，看到了一封来自雅各布·梅斯里博士的邮件。看了邮件我才知道，梅斯里博士是瑞士伯尔尼历史博物馆的馆长，他是从当时正与我们合作的加拿大皇家安大略博物馆的一位合作伙伴那儿得知我的邮箱地址的。在邮件中，他简单介绍了一下伯尔尼历史博物馆，表达了希望在伯尔尼历史博物馆举办兵马俑展览的意愿；同时，他也介绍了他们博物馆的"阿尔伯特·爱因斯坦"展将在中国巡展的情况，并希望借他5月30日出席该展览在中国科技馆开幕的机会，来西安与我们探讨举办兵马俑展览事宜。

基于对当时我们正合作的伙伴——加拿大皇家安大略博

物馆的信任，我们初步判断梅斯里馆长及伯尔尼历史博物馆应该是可以合作的对象。但审慎起见，我们还是借助互联网查询了一下梅斯里馆长的个人情况和伯尔尼历史博物馆的相关信息。不像后来因为"阿尔伯特·爱因斯坦"展在中国的巡展、李克强总理对伯尔尼历史博物馆的访问，以及"秦始皇及其兵马俑"文物展在伯尔尼历史博物馆举办后的影响，互联网上有许多关于伯尔尼历史博物馆以及其他相关的信息，当时互联网上不管是关于梅斯里馆长本人还是关于伯尔尼历史博物馆的信息都不是太多。但从网上仅有的一些信息中，我们也明确判断伯尔尼历史博物馆不仅是一座非常正规的博物馆，还是瑞士第二大博物馆和最为重要的一座博物馆。因为没有太多的手段再获得更多更详细的信息，同时也相信当面的会谈更有益于对能否合作做出判断，所以，当天下午我就对梅斯里馆长的邮件进行了回复，欢迎他来西安，与陕西省文物局及省文物交流中心共同探讨合作举办兵马俑展览的可能性。

之后，我们双方各写了三四封邮件，就梅斯里馆长来西安的具体日期、会谈的地址、参加会谈的人员、他在西安的行程等进行了详细的沟通。在邮件中，他的问题清晰明了，我的回答也简洁明确，双方最初的沟通就让人觉得非常顺畅和轻松。令我印象最为深刻的，一是他将在西安的行程规划得非常紧凑,中午落地西安咸阳国际机场,晚上9点多就要飞回北京;二是他竟然是一个人来西安,没有任何助理。在我担心他怎么让不懂外语的机场出租车司机将他载到会谈地点时,他说他的解决办法是让我把会谈地点的中文地址发给他,他提前打印出来,在机场出示给出租车司机看。我一方面感慨这么大的一个博物馆的馆长竟然轻车简从到如此地步,并且行动力之强令人佩服;一方面也在心里嘀咕,他们对举办兵马俑展览是否有足够的诚意?

我们约定的会谈时间是5月28日下午3点,但由于飞机晚点,梅斯里馆长4点多才到达我们将要会谈的地点——陕西省文物局。当从他发来的短信中知道他快到了时,我和同事来到大门口迎接他。看着瘦小精干、背着背包、健步走来的梅斯里馆长,我不由得在心里想,真是"人如其文"哪!在之后近两个小时的会谈里,梅斯里馆长更多的是在询问,我们更多的是在回答,很显然,梅斯里馆长是有备而来。主管外事的刘云辉副局长代表陕西省文物局,表达了乐意与伯尔尼历史博物馆合作举办兵马俑展览的意见;我则从技术层面回答了关于举办一个中国文物展,特别是举办一个兵马俑文物展的相关规定、工作流程、双方的责任和义务、费用构成、展览内容框架、展品规模和一级品比例等问题。简单的欢迎晚宴之后,梅斯里馆长又背着他的双肩包,匆匆赶赴机场了。

类似这样的与外方合作伙伴的会谈,我们一年要进行很多次。有的是因为虽然对方有强烈意愿,但我们经过评估后,发现对方的条件不符合我们的要求或我们自身展品的档期错不开而拒绝了对方的合作要求;有的则是因为对方策展人有意愿,但最终没有获得董事会的支持,或者虽然对方馆长表明要合作,但却因为某些客观原因,最终没有达成合作。毕竟举办一个文物国际交流展览,除国际政治、具体政策因素和博物馆自身条件外,其所需要耗费的物质成本、时间成本和智力成本都是非常巨大的。所以,6月4日,当梅斯里馆长写来邮件,再一次感谢我们安排的会面和接待,充分肯定我们的会谈"信息丰富、开放友善、明确诚恳",并进一步表示他随后会和他的团队以及董事会进行商量,如有进展再和我联系时,我也只是在心里想,这个项目也许会如他所言,在他与他的团队以及董事会进行商量后,有积极的反馈;也许商量之后,他们就会"知难而退",从此再无音讯了,甚至也许商量只是托词呢。

2010年10月25日,在与梅斯里馆长第一次会面近5个月后,我又收到了梅斯里馆长想借11月19日"阿尔伯特·爱因斯坦"展在广州站开幕之机,再来西安商谈兵马俑展览项目的邮件。他的邮件一如既往地清晰明了,不仅表明了他拜会的目的，也有他将在西安停留的时间和计划，还有对上次邮件中"如有进展再和我联系"承诺的回应。

11月15日，在我们高新区科技一路的办公室，我和我的同事们第二次见到了梅斯里馆长。这一次，他依然一个人，背着他的双肩包，精神抖擞地来到了我们中心。在双方的交流中，他就举办展览的相关规定和要求的细节又做了进一步的询问和确认，并告知我们，目前他们正在积极筹措兵马俑展览的经费，展期预计是从2013年4月至11月。这一次的会面让我们确信，兵马俑展览已经列入了梅斯里馆长及伯尔尼历史博物馆的议事日程。

2011年3月12日，距第二次会面近4个月之后，梅斯里馆长的一封新邮件又将拟举办的兵马俑展览往前推动了一大步。他在邮件中告诉我，他们已经获得了一个瑞士"大银行"对展览经费的赞助。后来，我们才知道这个"大银行"就是赫赫有名的瑞银集团。梅斯里馆长还与我确认了下一步的工作内容、展览的展期，又询问有没有可能保证展览在举办期间的唯一性的问题。梅斯里馆长告诉我们，根据我们的建议，他们已与中国驻瑞士使馆沟通了准备举办兵马俑展览一事，使馆的态度是极其乐见其成的。

从我们和梅斯里馆长第一次见面探讨在伯尔尼历史博物

馆举办兵马俑展览的可能性，到伯尔尼历史博物馆与瑞银集团签署展览赞助协议，总共只有不到九个半月的时间。我可以想象，梅斯里馆长和他的团队在这短短的几个月里为了获得那么大一笔赞助，所要付出的巨大辛劳。而且，他还在这么短的时间内与我驻瑞士使馆就举办兵马俑展览一事进行了沟通，并获得了支持。我不由得在心里佩服梅斯里馆长强大的行动力和动员力，也对西方博物馆馆长首先必须是一个社会活动家的说法有了进一步的理解。自此以后，与伯尔尼历史博物馆合作举办兵马俑展览的事就正式列入了陕西省文物交流中心的工作计划。

按照交流中心的工作惯例，我们为瑞士的兵马俑展览项目指定了项目负责人，双方的项目负责人也从此时开始了工作对接。即便如此，梅斯里馆长从未减少过对这个项目的关注，以及对合作中涉及原则性和方向性问题的把握。除了2010年5月和11月的两次来访，2011年4月和9月，2012年2月，梅斯里馆长又借"阿尔伯特·爱因斯坦"展在香港、上海和武汉开幕之机，先后三次来西安，与我们共同推进兵马俑展览项目的落实，分别就展场考察、展览协议框架、展品构成、展览宣传片拍摄等核心问题进行了面对面的沟通。除上述五次来陕之外，2011年12月19日至22日，在双方商谈展览内容最为关键的那段时间,为了沟通展览主题、展览大纲和展品的具体问题,梅斯里馆长带着他们为兵马俑展览聘请的学术顾问夏玉婷博士,又专程来过一次西安,还冒着严寒奔赴宝鸡、咸阳等地,实地查看文物的现状。随着与梅斯里馆长交流的深入,社会活动家梅斯里馆长的另一面,即博物馆专家梅斯里博士的形象,在我们心里更加丰满而生动了。

除了多次见面商谈之外,我和梅斯里馆长还通了270封邮件,这是我在交流中心工作期间所有外展合作中绝无仅有的经历。时隔这么多年,当我再次系统整理这些邮件时,我能更清晰地感受到梅斯里馆长那严谨认真、一丝不苟的工作作风。他的所有邮件都有明确的标题,如果要探讨的问题变了,标题也会变;即使在同一时段交叉探讨几个问题,他也不会混淆,讨论什么问题就会继续沿用之前曾讨论该问题的邮件的标题,而不像一般人一样随意点一下收件的回复键就写新邮件。这270封邮件中,梅斯里馆长和我就展场考察团、展品问题、拍摄展览宣传片、展览大纲、展览名称、展览文件上报、展品运输、展陈需求、代表团出访等等问题进行了详细且具体的沟通。当然,除了梅斯里馆长和我的沟通,项目双方工作团队也随时就工作中的各类细节进行了充分的沟通。正是因为双方从决策层到执行者之间都有大量邮件往来,双方在所有细节上都不存在任何想当然的成分，全部都是在充分沟通的基础上进行的无缝对接和默契合作。

梅斯里馆长的西安之旅不仅开启了兵马俑的此次瑞士之行，也让我和我的同事们对瑞士和伯尔尼多了一份向往。有这么严谨、精准、高效的工作团队，伯尔尼历史博物馆该是什么样子呢？我们的兵马俑又会被他们放在什么样的环境和氛围下呈现呢？

❸ 记忆中的伯尔尼

在负责陕西文物外展工作期间，我去过国外几十个博物馆。但因一个展览去同一个博物馆一次以上，在我近 8 年的文物外展管理工作中也是不多的。但有幸的是，伯尔尼历史博物馆我去过两次，第一次是去考察展场，第二次则是作为代表团成员，出席"秦始皇及其兵马俑"文物展的开幕式。两次伯尔尼之行，不仅使这个原本对我来说很陌生的城市，成了我过往岁月中一个难以忘怀的驿站；也因为给我留下的深刻而美好的记忆，它成了我最想携家人前往的地方。

2012 年 5 月，我第一次来到了伯尔尼。我这次出访是受陕西省文物局派遣，借去比利时马塞可博物馆参加"中国的黄金时代——大唐遗珍"展开幕式之机,和秦始皇兵马俑博物馆、陕西省考古院的几位同人一起顺道先去伯尔尼,为当时正与伯尔尼历史博物馆洽谈的"秦始皇及其兵马俑"文物展项目,执行考察展览场地的任务。

位于瑞士中西部的伯尔尼,是瑞士的首都和伯尔尼州的首府。它既是一个行政中心,也是一个文化和旅游的圣地。5月初的伯尔尼,温暖舒适。在阳光的照耀下,远处终年不化的白皑皑雪峰在蓝天映衬下晶莹闪烁,绿油油的山前草甸在徘徊的云影下不断变换着明暗;近处宽阔湍急的阿勒河在城中从西北向东南再向西南蜿蜒流过,像一条碧绿的绸带将伯尔尼分为两半,西岸为老城,东岸为新城。伯尔尼老城是欧洲保存最为完好的中世纪古城之一,也是联合国教科文组织认定的第一批世界文化遗产之一。漫步于老城区,圆石铺就的街道,街道两旁彼此相连的拱廊,红瓦白墙相映生辉的古老房屋,各有故事的街心彩柱喷泉,始建于1421年的哥特式大教堂以及1530年建成的钟塔等,都显示着这座城市的古老和典雅。

伯尔尼人一直以来都非常珍视自己的历史文化遗产。历届伯尔尼市政当局对新的城市建设项目都有严格控制,并制定了有关的法律。法律规定,旧城区不允许修建新建筑,新城区也只能修筑办公楼、生活服务设施和住宅等。法律对楼房的高

穿过伯尔尼城区的阿勒河、河对岸的伯尔尼历史博物馆尖顶和远处终年不化的阿尔卑斯雪山

在老城中心的钟塔上俯瞰伯尔尼的老城建筑

度也有一定限制,并要求新建建筑风格和式样同原有的建筑物相协调。位于阿勒河南岸的伯尔尼历史博物馆,在1894年设计建造时,参照的是15至16世纪的城堡模型,从而使博物馆呈现出新哥特风格,与伯尔尼老城区主要建筑的时代风格非常吻合。2009年,为了满足博物馆日益增长的各种功能需求,博物馆在其南边的空地上进行了扩建。扩建的新建筑由古典与现代两种不同风格的元素组成,朝外的三个面是现浇混凝土折叠而成的建筑立面,以使其与原来的老建筑风格协调统一;朝里的一面采用的则是现代主义风格的透明玻璃幕墙,从而使新建筑也极具时代风尚。

走进博物馆内部,你会发现,老建筑与新建筑虽然从外面看是独立的,在地下却是相通的。博物馆的老建筑在地上有两层,是该馆常设展览的展出场所,著名的"阿尔伯特·爱因斯坦"展就在二楼的展厅里。新建筑主要是临时展览展厅、文物库房和办公场所,"秦始皇及其兵马俑"文物展展厅就位于新建筑一层和地下一层。不管是老建筑还是新建筑,因为都是专为博物馆特别设计建造的,所以其空间布局和层高都非常适合展览文物。特别是新建筑内的临时展厅,在空间结构、温湿度控制、安保设施,以及与文物装卸、运输的通道衔接上,都比老建筑更上一层楼,完全满足兵马俑展览所需的各种条件。

作者为举办兵马俑展览在伯尔尼历史博物馆进行展场考察

  梅斯里馆长为我们在伯尔尼历史博物馆的展场考察工作首先安排的是现场查勘。现场查勘的路线有两条，一条是文物进馆路线，其中包括文物车辆的停靠、装卸地点，文物的运送路线、文物安装点、文物外箱的存放点等；一条是游客参观路线，包括入口、检票口、衣帽间、参观线路、出口，以及专门配合兵马俑展览的小卖品商店和亚洲风味快餐餐厅等。现场查勘之后，在会议室，梅斯里馆长将伯尔尼历史博物馆兵马俑项目工作团队的主要成员介绍给我们，并向我们展示了他们关于展览设计、展览宣传等方面的工作设想和计划。

  除了在馆内考察，梅斯里馆长还亲自陪同我们徒步登上

跨越时空的碰撞 — 221

作者于展场考察期间在伯尔尼市政府与市长柴佩特先生及兵马俑展览瑞方策展人夏玉婷博士交谈

阿勒河两岸的高地和缓坡，从高处俯瞰充满中世纪古朴韵味的伯尔尼城区。他还特别为我们的考察团安排了与伯尔尼市长及中国驻瑞士使馆代表的会见。面对面的交谈后，我们更进一步确认，伯尔尼市政府和我驻瑞士大使馆都非常支持伯尔尼历史博物馆将兵马俑展带给13万伯尔尼市民以及阿尔卑斯山周边的广大民众。

之后，考察团在考察报告中写下了这样的评价："伯尔尼市文化历史悠久，地理位置优越，是瑞士著名的文化历史和旅游观光城市，如果能在这里举办一个兵马俑及秦代文物展，一定能吸引很多游客来参观，也一定会有助于中国传统文化在瑞士的传播和弘扬。伯尔尼历史博物馆的展场设施和安保条件等,均符合文物外展要求。伯尔尼市市政府的大力支持和我驻瑞士大使馆的积极协助,是举办一个成功的文物外展不可或缺的重要因素。"

2013年3月,作为陕西省文物局代表团成员,我第二次来到了伯尔尼,出席伯尔尼历史博物馆"秦始皇及其兵马俑"文物展的开幕式。

3月中旬的伯尔尼,依然寒冷,而我们到达前一天的一场大雪,更使伯尔尼看不到一丝春天的气息。然而,与老朋友梅斯里馆长的再次相聚,却让我们感到暖意融融。一如既往细心、周到、贴心的安排,让代表团的所有成员在短短的3天时间里感到既舒心又充实。场面宏大、隆重热烈的开幕式自不用说,与伯尔尼历史博物馆董事会成员的会面,使我们有机会了解了瑞士国家体制下博物馆董事会成员的构成和运作机制;与

作者与中国驻瑞使馆杨小茸公参、陕西省文物局局长赵荣、伯尔尼历史博物馆馆长梅斯里在"秦始皇及其兵马俑"文物展成功开幕后合影

中国驻瑞士使馆相关人员的会面，使我们从外交层面体会到在瑞士举办中国传统文化展览的重要性；与久负盛名的阿贝格基金会的交流，为陕西建立起与这所专门从事丝织品保护、研究、展示及人才培养的专门机构的合作奠定了基础；对伯尔尼州考古服务中心的参访，使代表团成员对其先进的考古资料数字技术管理和巨大的仓储式文物保管方式印象深刻，这必将对陕西的文物考古管理工作产生影响。

对我个人来说，最难以忘怀的则是瑞士国家电视台对我所做的新闻专访。作为展览中方承办单位的负责人，我也多次在境外接受过媒体的采访，但绝大多数都是接受海外中文媒体或中国驻海外媒体的采访，直接用英语接受海外主流媒体采访，对我来说还真是少有的经历。而我之所以斗胆用我不很流利的英文面对媒体，就秦兵马俑文物展在全球巡展的情况及此次展览文物组成的特点等做介绍，则是近3年在与梅斯里馆长打交道的过程中，不断得到他鼓励和激发的结果。

自从 2009 年到陕西省文物交流中心工作后，由于经常要跟国外同行联系、写邮件，我的英语阅读和写作能力得到了很大提升，但英语口语却因为缺少实践，并没有多少改善，与外方会谈时主要还是依赖翻译。在与伯尔尼历史博物馆洽谈兵马俑展览的那几年间，碰巧交流中心没有很好的翻译，而且梅

伯尔尼历史博物馆"秦始皇及其兵马俑"文物展展场内景

瑞士伯尔尼历史博物馆"秦始皇及其兵马俑"文物展展场内景

斯里馆长来访也经常"单刀赴会",既没带助理也没带翻译,所以我和我们的项目负责人与梅斯里馆长,经常用外语交流。梅斯里馆长懂英、法、德等好几种语言,陕西省文物交流中心为伯尔尼历史博物馆"秦始皇及其兵马俑"文物展安排的项目负责人曾经留学法国,所以他与梅斯里馆长就用法语交流,而我与梅斯里馆长则用英语交流。因为是小范围的面对面交流,所以,即使语言磕磕绊绊,交流也不受什么影响。再加上梅斯里馆长的"高情商"——他说英语时不仅说得非常清晰,而且还有意放缓语速,鼓励我大胆用英语表达自己,所以随着与他会面次数的增多,我的英语口语表达能力也提升了不少。因此,当我们去伯尔尼参加开幕式前,他写邮件请我接受瑞士国家电视台的新闻采访时,我问他关于采访使用何种语言及翻译的问题时,他说:"你可以用英语呀!"我也就答应了。虽然面对瑞士国家电视台的镜头,我的英语口语依然不是那么规范和标准,但我还是很为自己能迈出这小小的一步而有几许得意,也为能以这样更加开

作者接受瑞士国家电视台关于"秦始皇及其兵马俑"文物展的采访

伯尔尼市区有轨电车车身上"秦始皇及其兵马俑"文物展的广告

放的形象宣传中华历史文化而颇感自豪。而这，应该感谢梅斯里馆长。

  在负责陕西省文物交流中心的近8年时间里，我一共见证了大大小小赴五大洲22个国家（地区）的44个（65场次）陕西文物出境展览，与世界各地60多个博物馆界的同人们都或多或少地打过交道，但与瑞士伯尔尼历史博物馆的合作，给我留下了最美好的印象。在与伯尔尼历史博物馆合作举办"秦始皇及其兵马俑"文物展的3年多时间里，也与我们在和其他博物馆举办展览时一样遇到过问题和困难，比如在挑选展品过程中永远避免不了的理想选择和现实提供之间的矛盾，在行政审批过程中时不时发生的各种小修改与时间之间的矛盾，在办理团组出访手续的各个环节中总会出现的各种不可控因素。但陕西省文物交流中心和瑞士伯尔尼历史博物馆的两个工作团队，因见面沟通多、邮件往来频繁、互相了解深入，不仅减少了让小问题变成"大麻烦"的可能，而且因为双方建立起了足够的信任，使相互之间配合默契，使得问题和困难的解决也很顺畅。两个工作团队从开始时对对方几乎一无所知，到最后无障碍沟通，乃至到后来在国际博物馆界互相称颂，到现在还念念不忘，我想，这不就是文化交流所要达到的人心相通的终极目标吗？

"美美与共"的范例

美国印第安纳波利斯儿童博物馆"兵马俑：秦始皇帝的彩绘军队"文物展

2014年5月至11月，由陕西省文物局主办、陕西省文物交流中心承办的"兵马俑：秦始皇帝的彩绘军队"文物展（Terra Cotta Warriors: The Emperor's Painted Army）在美国印第安纳波利斯儿童博物馆（The Children's Museum of Indianapolis）成功举办。作为首个与儿童类博物馆合作的展览，特别是与"全球最大最好的儿童博物馆"合作举办的展览，这次展览突破了极具中国文化符号且承载着丰富文化内涵的兵马俑以往主要是在综合类、历史类、艺术类博物馆场景中展示的先例，开创了专门为孩子和家庭提供互动学习的独特机会。而且，在展览目标的设置和工作合作中，中美双方组织者致力于正视文化间的差异并尊重这种差异，使得"兵马俑：秦始皇帝的彩绘军队"文物展很好地实现了"各美其美，美人之美，美美与共"这个文化交流的最高境界，也使得展览的影响超越了展览本身，成为一个各方盛赞的文化交流经典案例。

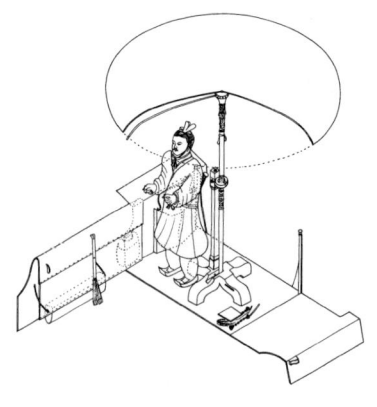

❶ 全球最大最好的儿童博物馆

印第安纳波利斯儿童博物馆位于美国印第安纳州首府印第安纳波利斯市，是1925年由当地的一位富商玛丽·斯图亚特·卡瑞女士建议，在一些市民领袖和"进步教师协会"的支持下建立的。经过90余年的发展，今日的印第安纳波利斯儿童博物馆对自己的定义是"全球最大最好的儿童博物馆"。

关于其"最大"，我们通过一些数据可以有比较清晰的了解：印第安纳波利斯儿童博物馆占地面积为全球儿童类博物馆之最，共占地19万平方米，其中用于展览的面积为4.4万平方米；博物馆拥有2.76亿美元的赞助基金，每年的运营经费为2700万美元，这两项也均为全球儿童类博物馆之最；博物馆的藏品有15万件，主要为美洲、世界自然、世界文化三

印第安纳波利斯儿童博物馆外景

大类收藏;除 11 个常设陈列外,该博物馆每年举办的各类其他展览及活动有千余次,包括临时展览、外出巡展、馆内剧场演出、为学校学生设计和实施的授课和手工坊的活动、基金募集活动等;每年,博物馆的参观人数超过 120 万,其中学校组织的参观可达 8 万人次;博物馆拥有 400 余名全职和非全职的工作人员,还有 1500 名志愿者⋯⋯

　　如果说"最大"是印第安纳波利斯儿童博物馆所具有的硬件,那"最好"就是博物馆的软性目标和对自身发展的期许。与其他所有的西方博物馆一样,印第安纳波利斯儿童博物馆也有自己明确的使命和目标,其使命是"通过创造独特的艺术、科学、人文学习体验去影响和改变孩子及家庭的生活",其目标是"成为所有博物馆和文化机构中以服务孩子及家庭为核心的全球引领者"。要成为引领者,当然得做到"最好"。事实上,从该博物馆对展览的规划上,就可一窥他们为做"最好"的博物馆的不懈努力。

2011年6月,印第安纳波利斯儿童博物馆与美国国家地理合作举办了"世界宝藏"常设展览。展览分三个区域,向参观者分别介绍了埃及法老塞提一世的古墓、秦始皇兵马俑和多米尼加海底沉船三大著名考古发现,并通过复制、模拟、数字化呈现等多种方式,为参观者提供了一个沉浸式、互动性的学习体验环境。在筹备这个展览的过程中,印第安纳波利斯儿童博物馆就有向陕西借几件兵马俑,以充实"世界宝藏"展中兵马俑考古发现的想法。随着对中国文化认知的加深以及对中国文物出境政策的了解,印第安纳波利斯儿童博物馆馆长杰夫·潘辰博士和他的团队有了一个更大的计划,那就是推出一个"带我去中国"的文化展览,同期推出一个兵马俑文物专题展,这样不仅让参观者能在参观兵马俑展览时,更清晰地了解其文化背景,也可以使参观者对影响深远的兵马俑及秦文化有比较深入的解读。

印第安纳波利斯儿童博物馆"世界宝藏"展中的"发现兵马俑"单元

2014年4月,"带我去中国"展大型展览在印第安纳波利斯儿童博物馆向公众开放。"带我去中国"是该博物馆举办的以跨文化为主题的沉浸体验式系列展览之一,展期预定为3年。之前,该馆已成功举办了"带我去埃及"展。"带我去中国"展从2009年起开始筹备,耗时近5年,用于展览的前期调研、专家咨询和展览制作的总费用超过了500万美元。在15700多平方米的展厅里，该博物馆通过实物和各种展示手段，介绍了中国的家居、购物、环境及其保护、语言文字、视觉艺术和表演艺术等，为参观者全方位勾勒了当代中国的方方面面及其历史。对这个展览，我印象最深的就是其结语："当我们了解了世界上其他文化区域的人们是如何生活的，我们可以接受他们与我们不同的信仰和价值，这无关好与坏，只是不同而已。"这段立意高远的话，充分体现了策展人尊重不同文化的展览价值观。这种价值观不仅是对博物馆耗时斥资打造这样一个大型展览的最佳注解，也是博物馆努力实现其使命和目标的最好体现。

2014年5月9日，"兵马俑：秦始皇帝的彩绘军队"文物展开幕。这样，在兵马俑展览展出的6个月里，印第安纳波利斯儿童博物馆就有三个展览全部或部分与中国文化及兵马俑相关。三个展览的展示方式不同，侧重点也不一样，却共同为参观者提供了系统的学习体验。在"世界宝藏"展览中，通过对发现秦俑的过程的模拟，孩子们惊奇于这个伟大考古发现的偶然性和不同寻常，并在全球视野下去理解秦始皇兵马俑发现的重要意义；"带我去中国"展则为孩子们提供了一个全方面了解中国社会、历史、文化的机会；而"兵马俑：秦始皇帝的彩绘军队"文物展,则通过深度解读兵马俑及秦始皇帝陵的最新考古发现,为参观者提供了一个深入了解秦——这个对中国影响深远的时代及其文化的机会。这样系统的展览内容规划,充分体现了潘辰博士和他的团队追求"最好"的远见卓识和强大的组织协调能力。

❷ 源于互动体验的展览策划

美国是儿童类博物馆的发轫之地。1899 年,全球第一家儿童博物馆——布鲁克林儿童博物馆在美国纽约正式开放。之后,1904 年荷兰海牙儿童博物馆,1913 年美国波士顿儿童博物馆,1917 年美国底特律儿童博物馆,1925 年美国印第安纳波利斯儿童博物馆等,相继向公众开放。这些早期的儿童类博物馆以儿童及其家庭为主要的参观者目标群,并为儿童提供在那个时代还很少有的动手机会,让孩子们在玩耍中学习,鼓励孩子们大胆接触以有效获得更丰富的体验。

神经科学研究表明,互动与感官体验是儿童的成长需求。通过在成长早期尽可能地和这个世界产生互动,儿童能获得更多的感官接触和体验,这不仅有助于儿童的健康成长,对于其成年后的心智发展也有着极其重要的意义。神经科学的研究以及在此基础上发展起来的儿童心理学和儿童教育学,使得儿童类博物馆的实践有了理论指引。这也是百余年来儿童类博物馆数量激增和在全球范围内扩展的重要原因。

印第安纳波利斯儿童博物馆的兵马俑展览,是自1974年兵马俑被发现、1976年兵马俑展览走出国门以来,首次在儿童类博物馆的集中展示。以儿童及其家庭作为主要参观群体的印第安纳波利斯儿童博物馆,在此次展览中充分考虑了儿童参观者的生理、心理及智力发展特点,在展览主题的定位和内容的选取上,以及展览的形式设计和空间布局上,都创新性地进行了不同于以往兵马俑出境展览的诠释和解读。

首先,该展览主题简洁、内容具体。在综合类、历史类,甚至艺术类博物馆举办兵马俑展览时,展览主题往往侧重于揭示秦国从蕞尔小国到一统天下的过程、秦文化对中华文化形成的重要作用、秦汉人追求永生的社会观念等。这些主题或者涉及秦人的兴亡历史、秦国加强统一的措施,或者涉及秦国更为广泛的政治、经济、社会、文化制度等,比较抽象,涉及的内容也比较丰富。但对将展览的目标群定位为5—10岁的儿童及其家庭的印第安纳波利斯儿童博物馆来说,这样的展览主题和内容显然不合适。经过对此前其他博物馆举办的兵马俑展览主题的分析和对秦兵马俑考古发现及研究成果的梳理,印第安纳

印第安纳波利斯儿童博物馆兵马俑展览中的铜车马(复制)及模拟彩绘俑坑及俑阵

印第安纳波利斯儿童博物馆兵马俑展览中的秦俑、复制陶俑及儿童工作坊

波利斯儿童博物馆的策展团队将此次展览的主题设定为兵马俑是怎样制作的、彩绘的成分及其工艺、秦始皇的陵墓及其陵园是怎么样的，将展示的重点聚焦在具象化的兵俑、马俑、水禽等物体上，将展览的目标设置为通过科学、历史和艺术的方式，呈现兵马俑是怎样被制作出来的，让孩子及其家庭想象这些兵马俑当初的模样。

其次，该展览在形式设计上充分考虑了儿童的生理和心智特点：展品摆放的高度明显低于面对成人展览时的高度；不用较长且规整的展线，散点式布置展柜和展品，以配合儿童注意力不可能长时间集中的特点，使儿童在不断变化的参观路线中保持观赏文物的兴趣；展品文字说明简单、通俗易懂；设置多个文物仿制品供孩子们触摸；大量使用图版、照片、音频及视频；等等。

而令我印象最为深刻的则是此次展览以互动体验为核心的展览设计。在这种设计理念的指引下，此次展览的开放性、参与性、探索性与娱乐性极为突出。展览分为5个部分，最核心也是占据空间最多的就是第三和第五部分。第三部分以动手参与活动为核心，以使孩子们能够深度了解兵马俑及其彩绘。因此，这部分在展厅周边布置了几个实验室，让儿童及其家庭在里面制作小小兵马俑、分析彩绘颜料、给兵马俑上色、组装

印第安纳波利斯儿童博物馆兵马俑展览中的儿童工作坊中教孩子们制作兵马俑的说明

兵马俑等,而展厅中间展示的各种文物,则成了孩子们动手的必要参考。第五部分通过三个小单元,分别展示了秦俑三号坑、水禽坑、百戏俑坑出土的文物,并通过对实际埋藏状况的一定程度的模拟,以及相对应的墙上陪葬坑巨幅照片的气氛营造,使孩子们身临其境地了解这三个不同功能的陪葬坑的情况和秦始皇帝陵的整体样貌。除此之外,这一区域还为孩子们安排了各种游戏和互动体验,有试穿秦俑铠甲扮作秦代武士的游戏和在多媒体进行的各种互动游戏等等，让孩子们在游戏中收获知识和乐趣。

印第安纳波利斯儿童博物馆的兵马俑展览，采用不同于以往的传统展览模式，以互动体验为核心安排展览内容，设计展示方式，使得该展览不仅可以观赏，还可以触摸、倾听、操作、互动、体验。其独特的展示理念和手法，使该展览成为多年来兵马俑国际巡展中最为"另类"的一次展览。

❸ 尊重文化差异的愉快合作

印第安纳波利斯儿童博物馆最早进入我们的视野是在 2010 年 4 月。当时，该馆馆长潘辰博士给陕西省文物局写了一封信，为他们准备在 2011 年 6 月开展的"世界宝藏"常设展览商借 10—15 件兵马俑，以充实该展览中有关兵马俑考古发现部分的内容。陕西省文物局将来信交由负责承办出境展览的陕西省文物交流中心办理，我们由此与印第安纳波利斯儿童博物馆有了交集。陕西省文物交流中心很快回函潘辰馆长，告知对方，因时间以及文物出境展览政策方面的原因，他们想在 2011 年 6 月的常设展览中商借兵马俑一事，基本不具有可操作性，建议他们考虑在双方都认为合适的时候，合作举办一个兵马俑的专题展览，潘辰馆长欣然接受了我们的建议。之后，经过持续的沟通，2011年4月，潘辰馆长与他们博物馆聘请的中国事务顾问刘彬博士专门拜访了陕西省文物局及陕西省文物交流中心。在会谈中，潘辰馆长介绍了他们博物馆的基本情况以及拟于2014年举办"带我去中国"展和兵马俑展览的构想，我们则向他们介绍了中国的文物出境政策、兵马俑展览出境展览的相关情况、合作双方的责任和义务，以及工作流程和时间框架等。之后，合作办展就被列入了双方的工作议程。反复的邮件沟通后，美方更改了早先准备两站巡展的展览计划，确定此次展览只有印第安纳波利斯儿童博物馆一站，展览开幕日期为2014年5月初。

2012年6月初，双方签署了展览合作备忘录。从那时起到双方确立的开幕日期2014年5月10日，中间虽然看似有几乎两年的时间，但双方在这期间都有大量的筹备工作要做，而且许多工作环节是互相制约、一环套一环的，如果没有密切且精诚的合作，大家一定会非常"闹心"。但在我们此次与印第安纳波利斯儿童博物馆的合作中，双方都感到特别愉悦，印第安纳波利斯儿童博物馆的副馆长柴瑞特·康茨女士甚至将这次成功的合作作为经验，在2014年美国博物馆协会的年会上与各国众多同人进行了分享。

当我听说康茨女士的会议发言之后,就跟康茨女士联系,希望能分享她的发言内容,她高兴地将她的发言提纲发给了我。她在发言中,重点阐述了印第安纳波利斯儿童博物馆在举办"带我去中国"展,特别是"兵马俑:秦始皇帝的彩绘军队"文物展时,与中国有关方面合作的做法,主要有8条:

1. 要做研究,不仅要对展览本身进行研究,更要对要与什么人去谈展览进行研究。

2. 努力与涉及展览项目的中国相关机构和个人进行联系,建立起工作关系。

3. 聘请熟悉中国事务或与上述机构和个人有过合作经验的顾问,并向他们咨询如何与中方的合作者进行良好的沟通和有效的会谈。

4. 花费4至5年的时间来做展览的前期调研,寻找正确的合作路径和方式;用了两年时间进行实际的展览筹备工作。

5. 一旦确定合作,要签署一个备忘录,以确保正式合作协议没有签署之前,双方的工作团队能顺畅沟通,并使展览的筹备、设计和制作等工作得以良性地持续地推进。

6. 尽管中方在项目的启动上并不如预期的那样早,但中方合作单位对项目的管理很严格,工作程序和环节也很清晰。尊重并配合中方的工作程序非常重要。

7. 在展览筹备和制作阶段，双方花费了很多时间，通过大量的电子邮件和几次卓有成效的会面商谈，就展览涉及的所有工作环节和细节进行商讨，并分享对方所需的信息和资料。

8. 组织合作伙伴、顾问、工作团队到中国进行现场考察，以确保所有人都能理解展览的最终目标，并共同朝着这个目标而努力。

同时，康茨女士还阐述了她对这次合作的 7 点体会：

1. 不要对任何事情做任何假设，要花时间去理解双方在商务技巧、决策机制等方面的文化差异，并思考如何在合作中做到互利互惠。

2. 搞清楚合作涉及的中方相关部门和机构，以及不同部门和机构的职能，这样有助于合作的顺畅和高效推进。

3. 请一些中国的实习生和志愿者帮忙，这有助于与中方合作伙伴进行沟通和项目推进。

4. 在合作中要有灵活性，要有备选方案。

5. 所有计划要提前准备，自身的需求要明确而具体，这在沟通中非常重要。

6. 要安排人员去中国面对面进行沟通，要与中方所有相关机构和人员建立起关系。

7. 签署一个备忘录，因为在中国，项目的启动并不如预期的那样早。

我看了康茨女士发来的发言提纲,特别是她所总结的做法和体会后,给她发邮件说,她所总结的在双方合作中要加强方方面面的沟通,而沟通的核心和关键是要对不同文化予以理解和尊重的意见,我也非常赞同。后来,她在邮件中回应说,虽然对不同文化予以理解和尊重是一个非常明显的道理,但大多数美国人并未意识到这一点,这也是她要将这个体会说出来的原因所在。

展览结束后,潘辰馆长分别致信国家文物局和陕西省政府,感谢各级组织和各个机构对展览的支持,表达对与陕西方面合作的肯定。他在信中写道:"我馆有着颇为丰富的国际合作经验,但此次与陕西有关单位的合作是最圆满的,在整个展览过程中,他们表现出了高度的组织性、协调性和周密性。双方相互学到了很多东西,分享了展览布置、设计和跨国借展方面的经验。"潘辰馆长还表示有机会的话,双方要再度合作,共同为中美文化交流再做贡献。

虽然在过去的国际交流中,我们也有双方愉快合作的经历,但能获得合作单位如此正式且高度的肯定,陕西省文物交流中心的所有工作人员都受到了巨大的鼓励和鞭策,也更加相信我们所从事的文化交流工作,对构筑不同文化人群的理解、有非同一般的积极作用。

❹ "美美与共"的成功展览

在印第安纳波利斯儿童博物馆举办的"兵马俑：秦始皇帝的彩绘军队"文物展，不仅对具体承办展览的合作双方来说是一个成功的展览，从国家层面来说，也意义非凡。

自2012年6月初陕西省文物交流中心与印第安纳波利斯儿童博物馆签署了展览合作备忘录后，展览的筹备工作就正式启动了。之后，双方按照既定的工作程序和步骤，一步步推进工作的正常进行。2013年8月，我们从层层转来的文件中获知，我外交部已专电陕西省政府和国家文物局，建议对即将于2014年5月在印第安纳波利斯儿童博物馆举办的包括"带我去中国"展和"兵马俑：秦始皇帝的彩绘军队"文物展的中国文化主题活动予以支持。外交部认为，此次活动是我国对美进行文化宣传，更是向美国青少年宣传中国文化的绝佳机会。随后，我们分别向陕西省政府和国家文物局汇报了兵马俑展览的进展情况。2013年11月，我们从国家文物局得知，"兵马俑：秦始皇帝的彩绘军队"文物展已被正式纳入第四轮中美人文交流高层磋商形成的合作中。

中美人文交流高层磋商机制是在中美两国最高领导人的推动下，双方在教育、科技、文化、体育领域建立的全新的高层磋商机制。2009 年 11 月，美国总统奥巴马在访华期间，与中国国家主席胡锦涛就加强两国人文交流达成重要共识，两国政府同意建立这样一个新的双边机制，并将此决定写入了《中美联合声明》。2010 年 5 月 25 日，中美人文交流高层磋商机制正式建立并在北京举行了第一次会议，机制中方主席由负责相关事务的副总理级官员担任，美方主席由美国国务卿担任。可以说，中美人文交流高层磋商机制的建立是中美关系史上的一大创举，具有重大的现实意义和深远的历史意义。

按照两国轮流举办会议的约定，第四轮中美人文交流高层磋商会议于 2013 年 11 月 21 日在美国举行，会议由中国国务院副总理刘延东和美国国务卿约翰·克里共同主持。作为中美文化机构间五个重大文化合作项目之一，11 月 22 日，"兵马俑：秦始皇帝的彩绘军队"文物展被纳入此次磋商达成的合作中。中华文化交流协会代表中方与印第安纳波利斯儿童博物馆就关于举办兵马俑文物展览一事签署了正式意向书。意向书中明确指出，展览具体承办事宜由陕西省文物交流中心负责。

2014 年 5 月 9 日晚，"兵马俑：秦始皇帝的彩绘军队"文物展开幕式在印第安纳波利斯儿童博物馆隆重举行。我国驻美

崔天凯大使在印第安纳波利斯儿童博物馆"兵马俑：秦始皇帝的彩绘军队"文物展开幕式上致辞

国大使馆大使崔天凯先生、驻美国芝加哥总领事赵卫平先生、陕西省文物局代表团团长贾强先生，以及美国印第安纳州副州长乔伊·艾里帕曼女士、印第安纳波利斯市市长格瑞·柏拉德先生、印第安纳波利斯儿童博物馆董事会主席戴维·格雷先生、印第安纳波利斯儿童博物馆馆长兼首席执行官潘辰先生及赞助商代表、印第安纳州议员代表等各界人士共 300 余人出席了盛大的开幕庆典活动。

各方代表先后上台致辞，对此次展览的举办给予了高度评价。崔天凯大使在致辞中不仅肯定了此次展览的重要意义，还阐述了中国文化所倡导的不同文明之间的共处原则。他说，中美两国人民之间，特别是青少年之间的相互了解和友谊是中美构建新型大国关系的基础，文化交流是增进两国民众了解和友谊最有效的手段。而"各美其美，美人之美，美美与共，天下大同",是中国人所秉持的文化交流理念。

"各美其美,美人之美,美美与共,天下大同"这一处理不同文化关系的十六字"箴言",是我国著名社会学家费孝通先生总结出来的,体现了中国式的传统智慧。"各美其美"是说要尊重世界文化多样性,首先要尊重自己民族的文化,培育、发展好本民族文化。"美人之美"就是要尊重其他民族文化,各民族在文化交流中,尊重差异,理解个性,和睦相处,共同促进世界文化的繁荣。"美美与共,天下大同"是说尊重文化多样性是实现世界文化繁荣的必然要求,只有保持世界文化的多样性,世界才会更加丰富多彩,充满生机和活力。"各美其美,美人之美,美美与共,天下大同"的文化共处理念,

作者在印第安纳波利斯儿童博物馆与馆长潘辰先生愉快交谈

是中华文明向世界贡献的、不同文明之间彼此理解、相互尊重的相安之法。

展览开幕后，我驻美使馆专电外交部、文化部并抄送国家文物局、陕西省政府，认为陕西省文物交流中心在印第安纳波利斯儿童博物馆举办的兵马俑展览在三方面具有典型示范意义：一是与美国主流文化机构合作，利用美国主流平台开展中国文化活动，事半功倍。二是做了美国青少年的工作，意义重大。三是做美国大城市以外广大地区民众的工作，十分必要。国家文物局也给陕西省文物交流中心补助专款 15 万元，以鼓励和表彰陕西省文物交流中心举办的此次兵马俑展览在文化外交方面发挥的独特作用以及良好社会影响。

不管是崔天凯大使在展览开幕式上所倡导的"各美其美，美人之美，美美与共，天下大同"的文化交流理念，还是印第安纳波利斯儿童博物馆副馆长柴瑞特·康茨女士在 2014 年美国博物馆协会年会上所总结的要对不同文化予以理解和尊重的合作态度，抑或是"带我去中国"展结语中所表明的要尊重不同文化的展览价值观，都充分说明：尊重、理解、平等、包容，不仅是人与人交流合作的关键，也是不同文化的和谐相处之道，更是所有爱好和平、寻求共赢的人的强烈心声。

秦文化的最完整呈现

台北故宫博物院『秦·俑——秦文化与兵马俑特展』

2016年5月7日至8月31日,"秦·俑——秦文化与兵马俑特展"在台北故宫博物院成功举办。在海峡两岸多家机构的共同努力下,"秦·俑——秦文化与兵马俑特展"首次集结了陕西和甘肃两省数十年来,特别是近10年来的考古发现新成果,完整呈现了秦人从早期游牧于甘、陕一带,到逐渐向东推移,最终于公元前221年定都陕西咸阳,建立起一个统一的、多民族的、中央集权国家的700余年波澜壮阔的发展历程。

陕西省文物交流中心负责此次"秦·俑——秦文化与兵马俑特展"大陆方面的具体承办工作。作为一个省级文物管理部门的下属机构,跨省组织、协调文物对陕西省文物交流中心来说,不管是在展览手续的报批上,还是在展品的协调上,都面临巨大的挑战。然而,对以展览推进学术研究和增强民族认同的强烈期许,激励着所有参与该展览筹备的人员,一步步攻克了所有难关,使这次展览在规模上成为大陆赴台湾文物展览展品总数最多的一次,也使展览在用实物呈现秦文化的完整面貌上实现了一次集大成,这对台湾民众全面了解秦文化研究的最新进展,理解秦文化对中国文化深远而持久的影响有非常积极的意义。

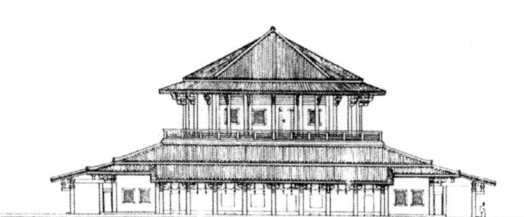

❶ 两岸交流中的兵马俑展览

由于历史原因,直至1992年,海峡两岸的文物交流才真正开始,而同文、同种、同源的血缘和情缘为两岸文博界的密切合作提供了坚实的基础,因此,虽然两岸文物交流的历史不到30年,但据不完全统计,大陆赴台举办的文物展览已经达到60余次,这使台湾地区成为大陆文物展览最重要的举办地区之一。在这60多次展览中,不乏像2011年在台北故宫博物院举办的"山水合璧——黄公望与《富春山居图》特展"那样备受瞩目的展览,而兵马俑及秦文化展览则当之无愧地成为两岸文物交流中创造了最多奇迹的展览。

兵马俑展览开启了两岸文物交流的序章。1979年,全国人民代表大会常务委员会发表了《告台湾同胞书》,郑重宣示

举办兵马俑展览的台北故宫博物院外景

了祖国和平统一的方针，两岸关系的发展由此揭开了新的历史篇章。在两岸同胞和各界人士的共同努力下，1992年，大陆方面的海峡两岸关系协会与台湾方面的海峡交流基金会达成"九二共识"，使两岸关系迈出了具有历史意义的重要一步。正是在这一历史大背景下，两岸的文物交流得以起步，举办的第一个展览就是于1992年12月至1993年5月在台北玉山庄艺术馆展出的以兵马俑与金缕玉衣为主题的"大陆古物珍宝"展。这个展览由中国文物交流中心与台湾展望文教基金会联合举办，陕西省文物局作为协办单位，参加了展览的相关工作。

展览举办期间，台湾各界高层人士、专家学者及普通民众都以极高的热情欢迎这批"老祖宗的遗宝"的到来，共有38万人次纷纷从各地赶到台北观看展览，其中就包括极少在公众场合露面的张学良先生及其夫人赵一荻。作为1949年以来首个赴台举办的文物展览，兵马俑与金缕玉衣引得很多台湾民众触景生情、睹物思乡，发出了"恍如重睹旧家古物，恍如重临历史现场"的感慨，而兵马俑无疑是这场"飞越海峡的首次约会"中当仁不让的主角。兵马俑与金缕玉衣在宝岛台湾的成功展出，大大鼓舞了热心于两岸文化交流的人士。从此，两岸文物交流的大门再也没有关闭。

兵马俑展览创造了迄今为止台湾单项展览参观人数的最高

台北故宫博物院广场上的兵马俑展览海报

纪录。2000年12月15日至2001年5月10日，陕西省文物交流中心组织的"兵马俑——秦文化特展"在台北历史博物馆和台中自然科学博物馆先后展出，共有165万人在两地参观了这个展览，其中台北历史博物馆的参观人数为105万，台中自然科学博物馆的参观人数为60万。这一参观盛况被台北历史博物馆馆长黄光男称为"盛况空前"，被台中自然科学博物馆馆长李家维称为"前所未有"。实际上，这个参观纪录不仅是台湾单项展览参观者人数的最高纪录，也是兵马俑展览近40年来全球巡展单场展览参观者人数的最高纪录。曾经随展该展览的秦始皇帝陵博物院副院长田静这样记述展览的盛况："兵马俑——秦文化特展"展出期间，每天都有8000多人前去参观，高峰期每天甚至有超过2万人次的参观纪录。以前比较冷清的台北历史博物馆，如今变得热闹非凡。每天早上，馆门口都挤满了远道而来的人。等候参观的队伍从博物馆门口一直排到门外的人行道上，又拐了好几道弯，越过过街天桥，一直延伸到远处。不少参观者将展览看了一遍又一遍，他们认为只有兵马俑才值得这样反复地看。赴台采访的新华社记者也这样描述：用"人流如潮""摩肩接踵"来形容一个展览的现场也许会令人惊讶，但这却是台北市"兵马俑——秦文化特展"的真实写照……对那时的大陆人来说，谁见过这么火爆的参观博物馆的场面？又有谁见过参观一个文物展览需要排成这样的长龙？

兵马俑是台湾各博物馆最为青睐的大陆文物展览选题。除了1992年至1993年的以兵马俑与金缕玉衣为主题的"大陆古物珍宝"展、2000年12月至2001年5月举办的"兵马俑——秦文化特展"，还有2006年11月至2007年7月，陕西与台北历史博物馆和台中自然科学博物馆再度联袂举办的"秦代新出土文物大展——兵马俑展Ⅱ"。在近30年的两岸文物交流历史上，同一个主题的展览被这么多次地策划展出，除了兵马俑，再无其他。从"秦代新出土文物大展——兵马俑展Ⅱ"展览的题目还可以看出，此次展览的重点一方面是展示20世纪90年代末至21世纪初秦始皇帝陵第二次大规模考古发掘的最新成果，另一方面是对延续之前"兵马俑——秦文化特展"参观盛况的殷殷期待。两次在台北历史博物馆和台中自然科学博物馆主办兵马俑展览的台方主办单位——台湾联合报的发行人王效兰女士对再次引进秦兵马俑展览，曾这样写道："这次展出的秦兵马俑续集，就是最即时的信使。除了彩色兵马俑在千禧年时才在兵马俑坑露脸、发掘、修复完成之外，来台参展的青铜仙鹤、石铠甲、百戏俑等，也都是近年秦始皇陵园新出土的水禽坑、石铠甲坑、百戏俑坑等的新的考古成果……联合报系持续支持秦兵马俑出土文物在台展出，不断引进考古新知，期许借着线性的延续，让大家认识到古文明的伟大与知识的浩瀚。我们所认知的历史都只是冰山一角，（让我们）如何能不更加谦卑？"从王效兰女士的阐述中，我们不难发现，台湾有识之士希望凭借最有感召力的秦始皇兵马俑考古新发现，在台湾社会中努力建构共同的文化尊崇和情感认同的拳拳之心。

从2011年起，台湾的多家媒体机构及博物馆，又一次寻求和陕西文物部门的合作，计划再在岛内策划举办一次兵马俑展览。经过多方考虑，陕西方面选择台湾时艺多媒体传播股份有限公司和台北故宫博物院合作，以期借助时艺多媒体传播股份有限公司强大的宣传推广平台、台北故宫博物院杰出的策展团队，以及陕台双方多年成功合作的良好基础，在展览的策划和影响上，都能有所突破。

经过近3年的筹划，"秦·俑——秦文化与兵马俑特展"第一站于2016年5月7日至8月31日在台北故宫博物院展出，第二站于2016年9月15日至12月18日在高雄科学工艺博物馆展出。在国家文物局、国台办以及陕西省文物局、陕西省台办的悉心指导下，展览各项工作进展顺利，开幕圆满成功。展览期间共有20.8万人在台北和高雄参观了这个近年来最大规模的、对秦文化进行了最完整呈现的兵马俑主题展览，台湾民众对秦兵马俑展之热情被两度掀起。

秦文化的最完整呈现 _ 257

台北故宫博物院"秦·俑——秦文化及兵马俑特展"开幕现场

嘉宾为台北故宫博物院"秦·俑——秦文化及兵马俑特展"开幕式剪彩

❷ 秦文化的最完整呈现

"秦·俑——秦文化与兵马俑特展"规模空前。展览囊括了陕西和甘肃两省反映秦文化的189件（组）展品，其中文物展品187件（组），复制品2件（组）。文物展品中包含一级品71件（组），约占文物展品总数的38%。189件（组）展品中的135件（组）来自陕西省13家文博单位，54件（组）来自甘肃省6家文博单位。这些都使得这个展览不管是在展品的总数上，还是在一级品的比例上，抑或在展览的组织机构上，都与往日一般文物出境展览的工作实践有所不同。一般文物出境展览展品最大规模为120件（套），一级品最高占比为20%。省级文物单位通常只能组织省内的文物出境展览，而跨省组织文物出境展览的基本上都是国家级的文物出境展览单位。而"秦·俑——秦文化与兵马俑特展"能在国台办、国家文物局的支持下，在展览规模、一级品比例、组织机构等各方面打破常规，除了对在港、澳、台地区举办展览有不同于在其他国家和地区举办展览的考量，对陕西省文物单位组织协调能力的信任和对陕、台合作基础的肯定等因素之外，吸纳秦文化10余年来最新的考古发现和研究，完整呈现秦人自西周初期至秦帝国 700 余年的历史发展脉络，以及秦统一对中华文化 2000 余年发展的深远影响，则是两岸学者和有识之士的宏图大愿。正是这样一个策展宏愿，使"秦·俑——秦文化与兵马俑特展"最终突破了兵马俑展昔日的辉煌并铸造了新的奇迹。

秦朝是中国历史朝代中最重要的里程碑，其国祚虽然短暂，但兼并六国、创建帝制、推行郡县制，书同文、车同轨、统一度量衡，开阡陌、修灵渠、建宫室、筑陵山，北击匈奴、南征百越、修筑长城……如此之多且令世人惊叹不已的伟绩，不仅开创了中国 2000 余年中央集权的封建帝制，还对中华文明的演进带来了极其深远的影响。然而，统一的秦帝国只是秦人历史发展的最后阶段，秦朝的建立、秦帝国的诞生其实经历了一个相当长的历史过程。从文献记载和考古发现看，秦人从夏商时期就活跃在历史舞台上，在西周时期建立了部族方国，于东周初年被封为诸侯国，经过数百年的发展、壮大，至公元前 221 年才终于灭六国建立了统一的秦帝国。特殊的历史和发展道路，以及独具魅力与特色的文化，使得秦人历史性地完成了国家一统和文化整合。因而，不论是就秦人自身的文化发展而言，还是从中华文明的整合再造而言，秦文化都是至关重要且饶有趣味的课题。

所以，从司马迁撰写《史记·秦本纪》开始，就有学者着力寻找秦文化的渊源，描绘秦文化的发展轨迹。而现代意义上的秦文化研究则开始于20世纪初王国维关于秦都邑和秦公簋铭文的考释。20世纪前半期的秦文化研究主要集中于对史料和青铜铭文的研究，集中于对秦都邑和秦人起源、族属等问题的探讨。而苏秉琦先生主持的陕西宝鸡斗鸡台考古发掘，则揭开了考古研究对秦文化的关注。20世纪后半期，对宝鸡凤翔秦雍城遗址和对秦咸阳城的考古发掘，陕西临潼秦始皇兵马俑、湖北云梦睡虎地秦简等的重大考古发现，直接推动了学术界对秦文化，特别是对春秋中晚期以来的秦文化的了解和认识。

宝鸡凤翔秦雍城是春秋中晚期至战国早期秦国的国都，自秦德公元年（前677年）至秦献公二年（前383年），有19位秦国国君在此定都，时间长达294年。考古工作者经过多年大规模的调查、钻探和发掘，初步摸清了雍城的位置、形制规模，三大宫殿区、宗庙区、城郊宫殿等建筑，以及城南规模宏大的秦公陵园和小型墓葬区。

秦咸阳城遗址位于陕西省咸阳市以东约15公里处，是战国后期秦国和秦王朝的都城遗址。从秦孝公十三年（前349年），秦国由栎阳迁都于此至秦末，咸阳作为秦都历经七世，共144年。从1959年到现在，陕西省考古研究院（原陕西省考古研究所）等单位一直在对咸阳故城进行持续的考古调查和发掘，目前已探明了咸阳城宫城的范围，城内外20余处建筑基址，宫城内铸铁、冶铜和制砖瓦的遗址，城外西南部的制陶和制骨遗址，城外西北隅原上的中小型墓葬区等，并对其中的3座宫殿建筑基址和部分墓葬进行了发掘。

秦始皇兵马俑的发现及持续至今对秦始皇帝陵的勘探和发掘，不仅验证了《史记·秦始皇本纪》中对秦陵的诸多记载，更提供了很多从未见诸史籍的新鲜资料，这使得学术界对秦始皇帝陵的布局及设施，以及其所反映的设计理念和对现实世界的模拟有了更深刻的理解和认识。湖北云梦睡虎地秦简、秦封泥的发现和研究，以及之后湖南湘西里耶秦简的发现，也都为秦代的法律制度、职官制度、行政设置、地理状况等的研究提供了更为准确而翔实的史料。

20世纪后半期以来的考古发现和研究，使得春秋中晚期以来的秦文化面貌逐渐清晰，也使对早期秦文化的探寻自然而然地成为学术界的新热点，并在进入21世纪后成为历史考古学界，特别是秦史学界和秦文化考古的"显学"。

早期秦文化，指的就是商代晚期、西周时期、春秋早期的秦文化，也即德公迁都雍城之前的秦文化。根据多年的研究，学界普遍认为秦人在其700余年的发展历程中，曾经"九都八迁"。这九个都城分别是西犬丘、秦邑、汧、汧渭之会、平阳、雍城、泾阳、栎阳、咸阳。雍城之前的五个早期秦文化政治中心中的西犬丘和秦邑，位于今甘肃东南部的西汉水上游，而汧、汧渭之会、平阳则位于今天陕西关中西部的渭水上游。

20世纪30年代，苏秉琦先生主持发掘宝鸡斗鸡台屈肢葬墓，实际上就是学术界对早期秦文化关注的开始。经过80余年的考古工作和研究，特别是从2004年开始，经国家文物局批准，由北京大学考古文博学院、中国国家博物馆、甘肃省考古所、陕西省考古所、西北大学文博学院五家成立的联合考古队所开展的对早期秦文化的考古发掘与研究，让秦文化探寻工作取得了极为丰硕的成果。

联合考古队从成立伊始就规划了明确的针对早期秦文化的课题目标，从考古学、文物保护、科技考古、大遗址保护规划及体系制度建设四个板块着手，组建团队，开展工作。10余年来，联合考古队对陇山东西两侧展开了大规模的考古调查，足迹遍布陇南、天水、宝鸡地区，然后选择重点遗址进行了发掘。他们在西汉水上游及其支流发现了早期秦文化遗址38处，并对其中的甘肃礼县的鸾亭山、西山、大堡子山遗址进行了发掘。在大堡子山发现的属于春秋早期的大型城址、城内的大型建筑基址及多处夯土建筑基址、3座贵族大墓、包含有乐器坑和人祭坑的祭祀遗址、城内外400余座中小型墓葬，无不昭示着大堡子山非同寻常的都邑地位。而最大的一件出土文物——镈钟上"秦子乍宝和钟以其三镈……"的28字铭文，更让大多数学者认为大堡子山及其附近的遗址，极有可能是秦人的早期都邑——西犬丘。而联合考古队在牛头河流域的调查，发现了周代遗址31处，其中甘肃清水县城北侧的李家崖遗址面积最大，总面积有约100万平方米。有学者认为李家崖遗址有可能就是秦人祖先非子的封邑——秦邑。

秦人在进入关中以后到建都雍城以前，一直沿着渭河东进，先后以汧、汧渭之会、平阳作为政治中心，目前，考古工作者在这几个地区都有重要考古发现。陕西宝鸡陇县东南镇磨儿塬发现了一个古城址，从其遗址情况来看，这就是春秋时代的城址。其附近的边家庄还有大量秦的墓葬，其中不乏五鼎四簋这样高级别的贵族墓。这个古城址是不是秦人进入关中之后的第一个都城汧？这还尚待更多的考古发现和研究来证明。

关于汧渭之会的遗址，目前虽无定论，但2003年，陕西省考古研究所在凤翔县西南约15公里处的汧河东岸台地上，发现了大型的、拥有200余座墓葬的春秋早中期秦人墓地，并在附近的孙家南头村发现了100余座秦墓、与墓地相关联的先民聚居遗址等，为考证汧渭之会提供了重要的线索和方向。

关于平阳遗址，1987年，考古工作者曾在平阳附近的太公庙村发现了大型的青铜器秦公钟和秦公镈，器形硕大精美，器物上有大量有关秦公的铭文。这些器物绝非一般贵族可以使用，一定是宫中使用的东西。同时，这一带也发现了不少的秦贵族墓地。这些线索都为寻找秦都城——平阳，提供了重要的实物证据。

陵墓是都城的有机组成部分，前者往往位于后者附近。根据史料考证，秦人共有10个陵区，分别是西垂、汧、平阳、雍、栎阳、咸阳、芷阳、杜东、韩森寨、丽（骊）山。多年的考古工作，使得除汧和栎阳陵区外，其他8个陵区都已得到了确认。除西垂陵区位于甘肃礼县的大堡子山外，其他7个陵区均位于今天陕西的西安、咸阳、宝鸡地区。

另外，甘肃甘谷毛家坪遗址和张家川马家塬战国墓地的考古发现，也对研究早期秦文化具有极其重要的意义。甘谷毛家坪遗址总面积约60万平方米，原本可能是秦武公所设的古冀县县治。考古工作者在遗址区勘探出墓葬千余座，沟东731座，沟西300余座，年代从西周晚期延续到战国晚期。从出土有五鼎四簋的贵族墓以及随葬的铜戈上的铭文可知，沟西墓地应为车氏家族墓地。而发掘出的车马坑全面展现了春秋秦人车制，对研究秦人的车马文化，意义重大。马家塬战国墓地面积约 2 万平方米，由 59 座墓葬和祭祀坑组成。考古工作者通过清理其中 20 余座墓葬，发现了多辆髹红漆彩绘车或木质的素车，以及以错金银铁条为车厢骨干的豪华车辆。这些豪华车辆的装饰和墓中的随葬品，说明马家塬战国墓地不仅具有强烈的北方草原气息，还兼具西戎传统元素和西方元素，同时可见中原秦、楚风格，反映出西戎文化极其复杂的文化面貌。

总而言之，通过百余年来，特别是近 10 余年来的考古工作，学术界已经基本上形成了对秦人族源，秦人早期都邑和县治，秦与西戎关系，秦人从秦族到秦古国、秦诸侯国、秦帝国发展轨迹等多个方面较为清晰的认识。

本着向公众展现最新学术研究成果的宗旨，台北故宫博物院从展览策划伊始，就树立了一个宏大的目标，那就是要完整铺陈秦人自西周初年至秦帝国 700 多年历史发展的脉络，以及其对汉代及后世的重大影响。要实现这一目标，唯有联合陕、甘两省的诸多文物部门才能实现。

国家文物管理部门，包括陕、甘两省的文物管理部门均认为，策划组织这样一个展览，有助于为台湾公众提供一个了解 2000 多年前秦人完整发展轨迹和统一帝国宏伟面貌的极好机会，有助于增进两岸的文化交流和情感认同。鉴于陕西方面具有多年举办国际展览的经验，具有与台湾方面合作的良好基

参观者在台北故宫博物院"秦·俑——秦文化与兵马俑特展"策展人蔡庆良博士的导引下参观秦始皇帝陵出土的铜车马(复制)

台北故宫博物院"秦·俑——秦文化与兵马俑特展"展出的甘肃张家川马家塬墓地出土的马车(复制)

础，国家文物管理部门破例准许陕西省文物交流中心跨省组织这个展览，并对展览规模、一级品数量给予了特别批准。

在陕、甘两省文物管理部门和19家文博单位的鼎力支持下，本次展览囊括了铜器、金银器、玉石器、陶器、陶俑、钱币、金石、简牍、漆器、车马器、兵器在内的187件（组）文物以及2件（组）复制品。展览通过"秦与周戎""东进称霸""雍城三百年""益门宝藏""变法革新""郡县制度""户籍政策""始皇身世""秦灭六国""地下国度""汉承秦制""宗教祭祀""艺术美感"等十多个章节，为参观者娓娓讲述了秦人波澜壮阔的完整发展历史以及秦文化的辉煌成就。

"秦·俑——秦文化与兵马俑特展"能史无前例地完成这样一个对秦文化的"最完整的呈现"，无疑是以百余年来，特别是近10余年来大陆学者的考古发现和研究为最重要的学术基础的。而从国台办到国家文物局，再到陕、甘两省文物部门的鼎力支持，也是展览得以成功举办的最有力保障。当然，台北故宫博物院对展览项目的选择、策展团队对展览文物的挑选及对展览内容的策划、台湾时艺多媒体传播股份有限公司的资金支持等，也是该展览能最终成为一个经典案例的重要原因所在。

❸ 媒体和博物馆的双赢

"秦·俑——秦文化与兵马俑特展"此次在台湾得以举办，台湾时艺多媒体传播股份有限公司的资金支持是其最重要的物质保障。正如时任台北故宫博物院冯明珠院长在展览图录序言中所言："时艺多媒体传播股份有限公司总经理林宜标先生对此展览高度肯定并充满信心，不惜投下重金，引进展览，希望踵继2000年'兵马俑——秦文化特展'之盛况，再度掀起台湾观众对秦文化特展之热情。"从冯院长的表述中我们可以看出，时艺多媒体传播股份有限公司主动引进此次展览，为此次展览得以举办的主导者，其操作模式完全不同于一般欧美博物馆在引进展览时，企业在其中所扮演的赞助者的角色。

台湾时艺多媒体传播股份有限公司是旺旺中时媒体集团所属的一个子公司。旺旺中时媒体集团由旺旺集团和中国时报集团合并而成，是一个横跨食品、媒体等产业的企业集团。时艺多媒体传播股份有限公司自1993年引进法国印象派大师莫奈展于台北故宫博物院展出以来，近些年更是引进了许多备受岛内各界瞩目的大型文化艺术类展览，这其中就包括"大英博物馆珍藏"展、"埃及古文明特展"、"疯狂达利——超现实主义特展"、"英雄再起——大三国特展"等。这些业绩不仅为时艺多媒体传播股份有限公司积累了宝贵的办展经验,也为其树立了良好的口碑。

"秦·俑——秦文化与兵马俑特展"由时艺多媒体传播股份有限公司出资引进,并负责承担文物的包装、运输、保险费用以及展览的宣传和巡展组织,由台北故宫博物院负责展览的内容策划和在自己展场的展览制作。像这种媒体背景公司直接引进大型文化艺术类展览,然后寻找博物馆合作的案例不唯时艺多媒体传播股份有限公司一家,在中国台湾地区,包括日本和韩国都较为普遍,可以说是一种完全不同于欧美的办展模式。这种模式背后到底隐藏着什么样的逻辑,或者是体制机制原因呢?

博物馆具有收藏、研究、展示、教育等多重功能,但是直接面对公众和服务社会的主要还是展示。公众和社会也主要以博物馆的展览来评估博物馆的成就。近年来,不管是由于民主化思潮的推动,还是迫于与其他机构争夺公众休闲时间的压力,抑或仅仅因为资金的困难,国际博物馆界都把为普通大众服务的观念列为在新形势下寻求发展必须遵循的基本理念。因此,在常设展览不可能经常改变的情况下,时常举办吸引公众的特别展览,以加强与社会公众的联系,增强博物馆的影响力，就成为很多博物馆最为重要的发展策略。

正是因为举办国际文物交流展览对博物馆在完成其机构功能和社会职能方面的重要意义，有条件的博物馆都会积极引进国际文物交流展览。但在展览选题上，博物馆则会比较慎重，一般都会选择非常经典或非常知名的选题。有些博物馆在引进大型国际展览时，还会做调查，看公众会对什么样的选题感兴趣。一旦展览选题确定，有些博物馆还会做进一步的调查，看公众希望在展览中看到哪些文物和艺术品。之后，博物馆精心打造，大力宣传。这样的展览往往都会得到公众的热烈追捧，并成为博物馆的经典之作。所以，比起举办一个国内的交流展览，举办国际交流展览，投入要多出很多。首先，从人力、智力投入上来说，举办方需要了解合作方国家的文化政策和行政管理构架，要具备一定的跨文化交流的知识和能力，要对代表异域文化的展览选题有深入的了解和研究，等等。其次，从财力投入来说，文物借展费、运输费、保险费、人员费用，往往都会比国内交流展览所要付出的高很多。

然而，现实情况却是，博物馆都普遍遭遇了政府削减财政经费支持的压力。随着全球经济增速放缓，世界各国都出现了财政收入增速减缓的现象。为了减轻博物馆营运的庞大压力，激发博物馆在市场环境下生存的活力，各个国家都不同程度地

从制度设计到政策导向上,鼓励博物馆采取各种形式,自行筹措经费,包括筹措举办大型项目、国际交流展览项目的经费。

各个国家对博物馆的支持和鼓励不尽相同。在美国,政府采用资金匹配的方式实行有限拨款。联邦政府鼓励非政府组织通过国家艺术基金会和国家人文基金会这样的机构向财政申请资金资助,但规定资助总额不超过项目所需经费的50%,另一半需申请者自行筹集。联邦政府实行的这种有限拨款方式,一方面促使各地方政府财政拨出相应的资金来与联邦政府资金配套,另一方面推动各文化团体积极向社会筹集资金。另外,政府还通过积极的税收政策鼓励企业对文化事业进行捐赠和赞助。在英国,文化机构资本的结构方式为"三三制",即1/3的投入来自政府,1/3来自社会,1/3来自组织自身的商业活动。在日本,文化事业的发展得益于政府各级财政、基金的扶持以及灵活的投资体制,其中公司、基金会和个人的商业性赞助和公益性的捐助是文化艺术团体经费的主要来源,其数额高于各级政府的资助和拨款。政府方面除了中央政府直接提供的赞助、补助和奖金外,地方政府也都设有文化事业的发展预算,同时,各级政府也通过文化登记制度、税收减免制度,鼓励企业对文化事业的投入。

欧美国家和日本等经济发达国家的博物馆等非营利组织

的这种政府财政投入、市场企业捐助、博物馆自身商业收入共同构成的经费投入模式，是现代社会文化生产的一种全新态势。虽然政府对博物馆收藏的属于国家所有的文化遗产的收集、保护等行为负有责任，但随着社会阶层分化和社会多元化发展，人们的兴趣、价值观念更加多样化，其所需要的精神文化产品也更加多样化。对于这类属于准公共物品的精神文化产品，政府不可能全部提供，市场机制也不能全部解决，所以，形成政府、社会和博物馆三者进行联合的多元化格局，是符合社会发展特点和要求的，对建设政府、非营利机构、市场三者之间相互依赖、相互制约、相互补充、良性互动的发展关系，具有极大的促进作用。

在台湾地区，公立博物馆的经费，以前主要来源于政府。但随着经济形势的急剧变化，这些博物馆也不得不开始面对自筹经费的崭新挑战，以突破行政预算的框限，增加营运能力，创造更大的社会价值。特别是在做国际交流展览时，筹展时间较长，订约时间往往在实际开展前两三年，而预算一般都是开展前一年才制定，而且预算能否得到批准也存在不确定性，因此，台湾地区的博物馆在举办大型交流展览时，就不得不经常向民间机构寻求合作的机会。而与欧美大多数博物馆不同的是，台湾地区的博物馆经常选择与有媒体背景的企业合作举办展览。而且，媒体企业更多的时候还是真真正正的合作者，而不是赞助性质的合作单位。

台湾的联合报系和中国时报系，是台湾与博物馆合作举办大陆文物展最主要的两家媒体集团，如2000年的"兵马俑——秦文化特展"、2006年的"秦代新出土文物大展——兵马俑展Ⅱ"，都是联合报系与台北历史博物馆、台中自然科学博物馆共同主办的展览。联合报系与台北历史博物馆还共同主办了2009年的"微笑彩俑——汉景帝的地下王国特展"等展览。2002年的"天可汗的世界：唐代文物大展"，则是中国时报系及时艺多媒体传播股份有限公司，与台北故宫博物院一起主办的。2010年的"千古英雄——大三国特展"，以及我们此次的"秦·俑——秦文化与兵马俑特展"，则是时艺多媒体传播股份有限公司分别与台北历史博物馆、台北故宫博物院共同主办的展览。

像台湾地区这种联合媒体类企业举办展览的模式，在日本、韩国也很普遍。特别是在日本，几乎所有的特别展览都是与报社、电视台、电台合办的。作为日本最大最有影响力的传媒机构，日本放送协会电视台和电台及其分支机构，经常积极与博物馆合作举办展览，特别是大型国际交流展览。其他的如俗称"五大纸"的五家全国性报刊——朝日新闻、读卖新闻、每日新闻、日本经济新闻、产业经济新闻，比较大型的电视台如朝日电视台、富士电视台、东京电视台、日本电视台、TBS等，也都积极与博物馆合作举办过展览。甚至一些地方性媒体，也会经常作为主办单位之一，与博物馆及大型媒体类企业合作举办展览。

博物馆与媒体合作举办展览，可以让双方优势互补，获得双赢。首先，这种合作使得双方可以发挥所长，让展览得到最大程度的传播——博物馆专注于展览策划、展场维护和服务，而媒体专注于展览宣传和推广，而且作为利益共同体之一，媒体一定会更加主动和积极地进行宣传。其次，媒体参与其中，不仅可以节省展览宣传费用，还能缓解博物馆举办大型国际交流展览的庞大的资金压力。再次，企业化运营的媒体机构，比博物馆更贴近市场和公众，可以使博物馆在选择展览选题、展览呈现方式上更契合社会和公众的需求。

除宣传推广展览之外，媒体类企业还可以借助其作为市场主体的有利身份，做大展览IP，拉长产业链，以获得更大的社会效益和经济效益。展览往往包含了丰富的文化内涵，企业可以对其文化资源进行开发与利用，以推动文创产品的研发和文化产业的发展。例如，时艺多媒体传播股份公司就将经营的触角延伸至文创商品的开发及博物馆商店的经营，创立了"拾艺术"文创品牌，在让创意走进生活和让生活充满艺术的同时，获得了经济效益。

中国大陆博物馆一直以国有博物馆为主，其经费来源也主要是财政资金支持。进入 21 世纪以来，随着文化体制改革的逐步推进与深入，政府在不断加大对作为公益类文化事业单位的博物馆财政投入的同时，也要求博物馆在公共文化服务体系的构建与公共文化需求的满足上，承担愈来愈重要的责任，并通过分级分类、绩效评估、项目资金管理等手段，促使博物馆向社会提供更多更好的精神文化产品。同时，国家鼓励博物馆开发文化创意产品，发展文化创意产业，弘扬中华优秀文化，传承中华文明，推进经济社会协调发展，提升国家软实力。近年来，国家还对博物馆提出了完善文物保护机制，积极引导、鼓励社会力量投入文物保护、利用的新要求。

发展文化创意产业和鼓励社会力量投入文物保护、利用，无疑是对博物馆长期以来仅仅依靠财政投入的补充，也有利于调动博物馆的积极性。但是，对于作为公益类事业单位的博物馆发展文化产业一事，中国博物馆界内外都还有认识不一致的地方，在体制、机制上也还存在矛盾之处。在引导鼓励社会力量投入文物保护、利用方面，也缺乏政策的保障。因此，要真正激发我国博物馆的活力与竞争力，借鉴欧美国家，特别是日

本和中国台湾地区发展博物馆的做法，在举办展览，特别是大型国际交流展览的时候，通过积极的税收政策鼓励社会资本投入，博物馆与企业，特别是媒体类企业这样的传播机构合作，共担风险，共享利益，是值得期待的。虽然目前还有许多需要克服的困难，但随着文化事业单位改革的进一步深化，我们有理由相信，政府、文化机构、市场三者之间一定能建立起真正能激发博物馆活力与竞争力，有利于推动经济社会协调发展，且相互依赖、相互制约、相互补充、良性互动的发展格局。

风雨35年

陕西文物出境展览35年的大数据

文物出境展览是我国文博界对外交流与合作的一种重要方式,对于增强中国文化软实力,促进其他文化与中华文化对话,构建国际文化新秩序等都发挥着极其重要的作用。由于文物资源丰富,陕西从20世纪60年代起,就开始参加由国家文化部门组织的文物出境展览工作。1985年8月,借陕西省与美国明尼苏达州友好省州关系建立3周年之际,在陕西省文物局的积极争取下,国家文物局授权陕西省文物局直接与美国明尼阿波利斯艺术博物馆(Minneapolis Institute of Arts)商谈并签署协议,举办"中国秦兵马俑"文物展,开启了陕西文物出境展览的新纪元。

借助文物历史资源丰富的天然优势,以及在全国比较早就可以独立出境办展的组织优势,自1985年至2019年的35年间,陕西省文物局自主筹办或协助国家文物局及中国文物交流中心筹办的展览共有220余项370余场,在地域分布、时间跨度、题材选择等各方面都积累了丰富的数据。对这35年的数据予以分析,我们可以发现是哪些国家和地区的人们最喜欢举办中国文物展览特别是陕西文物展览,陕西文物展览的情况都随哪些因素在发生变化,以及什么题材的文物展览最受欢迎。

❶ 喜欢中国故事的人们

1985年至2019年，陕西文物或包含有陕西文物的展览，共有226项、374场次。所谓"项"，指的是一个展览项目，即展品是同一批，向上级部门申请报批时用的是一个文号，获批准时也是一个批文；所谓"场次"，指的是一项展览有时只在一个场地举办，有时却会在一个国家或者在相邻几个国家巡展，所以，一项展览有时只有一场次，有时却会有几个场次。因此对于展览，"项"数由于理解及统计的原因，未必非常准确，但场次数却不会有差池，且更能反映展览举办的频率。所以，在此以展览的场次作为分析的基础。

各大洲举办陕西文物展或包含有陕西文物的展览场次统计表

		时间							合计
		1985 | 1989	1990 | 1994	1994 | 1999	2000 | 2004	2005 | 2009	2010 | 2014	2015 | 2019	
地区	亚洲	16	26	46	45	45	25	19	222
	欧洲	8	10	7	6	23	15	2	71
	美洲	10	4	14	11	9	8	7	63
	大洋洲	3	5	0	3	0	1	3	15
	非洲	0	0	0	0	3	0	0	3
合计		37	45	67	65	80	49	31	374

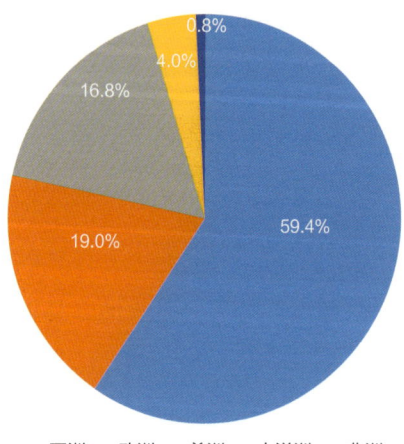

各大洲举办陕西文物展或包含有陕西文物的展览场次占比图

从上面的表、图可见，在境外举办的374场次陕西文物或包含有陕西文物展的展览中，亚洲有222场次，欧洲有71场次，美洲有63场次，大洋洲有15场次，非洲有3场次，分别约占总数的59.4%、19%、16.8%、4%、0.8%。也就是说，亚洲、欧洲、美洲是举办陕西文物展或包含有陕西文物的展览的重要地区，总数约占在全球举办的相关展览总数的95%。

亚洲各国（地区）举办陕西文物展或包含有陕西文物的展览场次统计表

		时间							合计
		1985–1989	1990–1994	1994–1999	2000–2004	2005–2009	2010–2014	2015–2019	
国家（地区）	日本	14	15	44	29	32	5	8	147
	韩国	0	4	1	4	6	2	1	18
	中国台湾	0	1	0	5	3	7	2	18
	中国香港	1	2	1	4	4	1	3	16
	新加坡	1	2	0	0	0	2	0	5
	中国澳门	0	2	0	2	0	0	0	4
	印度	0	0	0	0	0	4	0	4
	哈萨克斯坦	0	0	0	0	0	1	2	3
	其他	0	0	0	1	0	3	3	7
合计		16	26	46	45	45	25	19	222

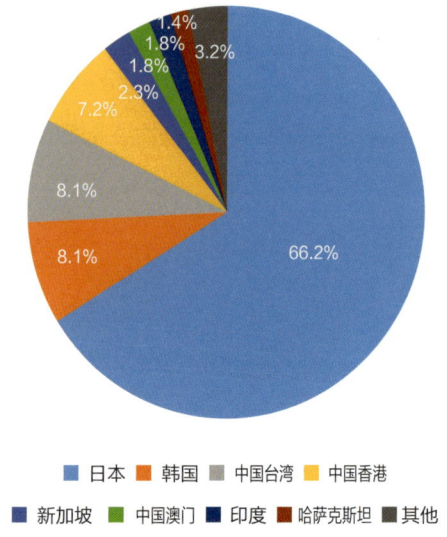

亚洲各国（地区）举办陕西文物展或包含有陕西文物的展览场次占比图

亚洲是举办陕西文物展或包含有陕西文物的展览最多的地区。从上面的表、图可见，在亚洲举办的 222 场次展览分布在 15 个国家和地区，但更集中于东亚地区。东亚地区的日本、韩国两国以及中国台湾、香港、澳门三个地区分别举办了 147、18、18、16、4 场次展览，数目之和占到了在亚洲地区举办的相关展览总数的 91.4%。其中，在日本举办的展览数目就占亚洲地区总数的 66.2%。另外，我们在东南亚的新加坡举办了 5 场次展览，在南亚的印度举办了 4 场次展览，在中亚的哈萨克斯坦举办了 3 场次展览。除此以外，还在东南亚的泰国，南亚的尼泊尔，西亚的以色列、土耳其、卡塔尔、沙特阿拉伯，以及中亚的吉尔吉斯等 7 个国家各举办了 1 场次相关展览。

欧洲各国举办陕西文物展或包含有陕西文物的展览场次统计表

		时间							合计
		1985—1989	1990—1994	1994—1999	2000—2004	2005—2009	2010—2014	2015—2019	
国家	意大利	0	2	0	0	6	2	0	10
	法国	0	2	1	1	1	3	0	8
	比利时	0	1	0	0	5	2	0	8
	德国	1	3	1	0	2	0	0	7
	英国	2	0	2	1	1	0	1	7
	西班牙	0	1	1	3	0	0	0	5
	其他	5	1	2	1	8	8	1	26
合计		8	10	7	6	23	15	2	71

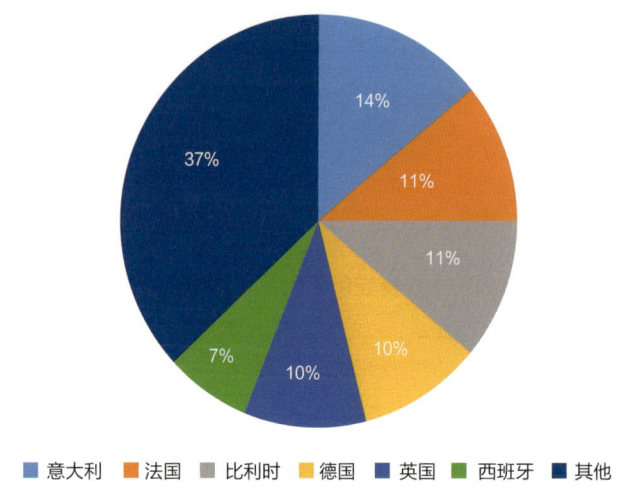

欧洲各国举办陕西文物展或包含有陕西文物的展览场次占比图

欧洲是举办陕西文物展或包含有陕西文物的展览的重要地区之一。从前面的表、图中，我们可以看到，欧洲举办的71场次展览，分布在21个国家，覆盖面非常广泛，其中，意大利有10场次，法国、比利时各有8场次，德国、英国各有7场次，西班牙有5场次，荷兰、挪威各有4场次，希腊有3场次，瑞士、芬兰、匈牙利各有2场次，其他如爱尔兰、俄罗斯、瑞典、丹麦、马耳他、摩纳哥、奥地利、捷克和罗马尼亚等9个国家，各有1场次。目前，只有极少数的欧洲国家没有举办过类似的展览。

美洲各国举办陕西文物展或包含有陕西文物的展览场次统计表

		时间							合计
		1985—1989	1990—1994	1994—1999	2000—2004	2005—2009	2010—2014	2015—2019	
国家	美国	8	4	13	7	7	6	6	51
	加拿大	2	0	1	1	0	2	0	6
	墨西哥	0	0	0	2	0	0	0	2
	巴西	0	0	0	1	0	0	0	1
	哥伦比亚	0	0	0	0	1	0	0	1
	智利	0	0	0	0	1	0	0	1
	秘鲁	0	0	0	0	0	0	1	1
合计		10	4	14	11	9	8	7	63

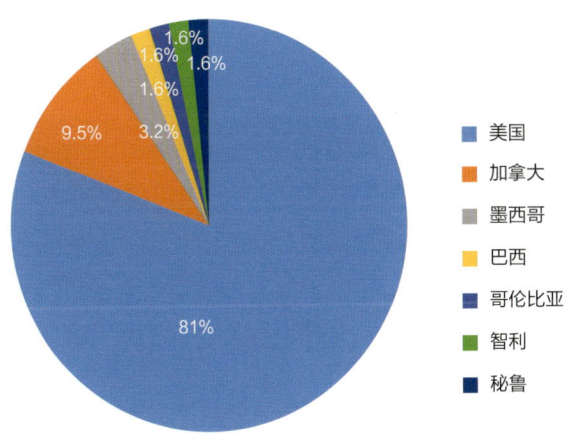

美洲各国举办陕西文物展或包含有陕西文物的展览场次占比图

美洲也是举办陕西文物展或包含有陕西文物的展览的重要地区之一。从以上表、图可见，美洲举办的 63 场次展览，分布在 7 个国家。北美地区的美国、加拿大和墨西哥，是美洲举办陕西文物或包含有陕西文物展览的最主要国家，分别举办了 51、6、2 场次，其展览数目之和约占美洲地区相关展览总数的 93.7%。其中美国一国的展览数目就约占美洲地区相关展览总数的 81%。而广大的中美和南美地区只有哥伦比亚、巴西、智利、秘鲁分别举办过 1 场次这样的展览。

大洋洲举办过 15 场次陕西文物展或包含有陕西文物的展览。其中，澳大利亚举办过 10 场次，新西兰举办过 5 场次。

非洲只举办过 3 场次陕西文物或包含有陕西文物的展览。其中，南非举办过 2 场次，突尼斯举办过 1 场次。大部分的非洲国家截至目前尚未举办过类似的展览。

从全球看，如下页的表、图所示，举办陕西文物展或包含有陕西文物的展览最多的 5 个国家（地区）依次是日本、美国、韩国、中国台湾和中国香港，分别举办了 147、51、18、18、16 场次。其中，日本的展览数目占这 5 个国家（地区）展览总数的 58.8%，占全球相关展览总数的 39.3%；其次是美国，展览数目约占这 5 个国家（地区）展览总数的 20.4%，占全球相关展览总数的 13.6%；韩国、中国台湾、中国香港展览数目

举办陕西文物展或包含有陕西文物的展览最多的 5个国家(地区)场次统计表

		时间							合计
		1985—1989	1990—1994	1994—1999	2000—2004	2005—2009	2010—2014	2015—2019	
国家（地区）	日本	14	15	44	29	32	5	8	147
	美国	8	4	13	7	7	6	6	51
	韩国	0	4	1	4	6	2	1	18
	中国台湾	0	1	0	5	3	7	2	18
	中国香港	1	2	1	4	4	1	3	16
合计		23	26	59	49	52	21	20	250

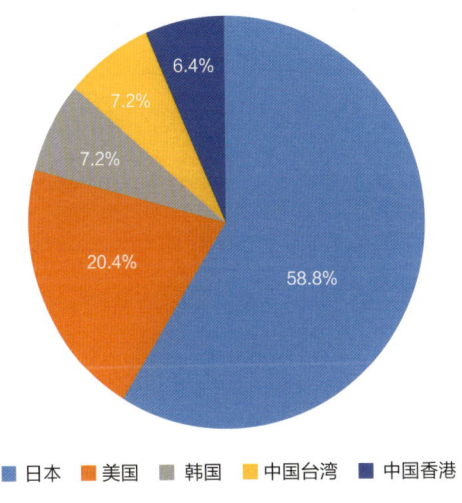

举办陕西文物展或包含有陕西文物的展览场最多的国家（地区）场次占比图

分别约占这5个国家（地区）展览总数的7.2%、7.2%、6.4%，占全球相关展览总数的4.8%、4.8%、4.3%。5个国家和地区的展览数目之和为250场次，约占在全球举办的相关展览总数的66.8%，也就是说大约占到了全球总数的2/3。

  35年的数据显示，虽然陕西文物展或包含有陕西文物的出境展览足迹遍布五大洲，但分布却极不均衡。亚洲、欧洲、美洲是举办此类展览的重要地区，其中，在亚洲办的展览更是占了总数的近60%；而大洋洲和非洲，尤其是非洲，展览数量非常少，只占到总数的0.8%。各大洲举办相关展览的情况也不尽相同。亚洲的展览主要集中在东亚地区，日本举办展览的数量遥遥领先，达到亚洲地区相关展览总数的66%，占到全球相关展览总数的近40%。在欧洲，展览的覆盖面非常广泛，只有极个别的国家至今没有举办过相关的展览，其中，举办展览数量相对较多的是意大利、法国、比利时、德国和英国这5个文化和经济大国。美洲的展览主要集中在北美地区，美国举办的展览数量占到了美洲相关展览总数的81%，占到全球相关展览总数的近14%。大洋洲的澳大利亚和新西兰都举办过陕西文物展或包含有陕西文物的展览，但澳大利亚举办展览的数量是新西兰的2倍。非洲目前只有南非和突尼斯举办过少量的陕西文物展或包含有陕西文物的展览。

中国的文物出境展览是在外交工作的需求和推动下起步的，一直以来也是文化外交的一种重要方式。改革开放后，我国外交工作方针调整为"周边是重点，大国是关键，发展中国家是基础"，陕西文物或包含有陕西文物的出境展览数量在地区分布上呈现出的特点，与我国外交工作的方针是完全吻合的。

经济因素也对中国的文物出境展览起了极大的推动作用。20世纪80年代初，鉴于改革开放初期我们既需要良好的外部环境又需要先进的理念、资金和人才的社会现实，国务院明确提出了文物外展"既重政治作用，也重经济效益的方针"的指导性意见，同时，允许地方文博单位"以文补文"，从而推动了外展工作的长足发展。因而，在很长一段时间内，出境展览承担着为国家挣取外汇、为地方和部门弥补资金的职责，经济因素成为举办出境展览的一个重要考量，这也是陕西文物或包含有陕西文物的出境展览为什么主要会在亚、欧、美三大洲的发达国家和地区举办的重要原因所在。

日本和美国成为举办陕西文物展或包含有陕西文物的展览最重要的两个国家，除了与其在很长一段时间是全球最大的两个经济体有关之外，也与其实行的文化政策密切相关。推动日本文化国际化、开展国际文化交流是日本文化政策的重要特点。具体到博物馆领域，强化自身与地方之关系以及扩大国际交流，是最受政府支持的两个方面。而政府主要以参观人数来评价博物馆，也导致了日本博物馆对"特别企划展"的看重与依赖。在美国，政府通过中间机构对非营利文化机构实行有限拨款，以及以税收政策鼓励对文化事业进行捐赠和赞助的政策，使得博物馆也需要经常举办吸引社会和公众的新展览，以获得相关机构和投资人的支持与资助。

　　文化的"共通性"也是推动中国文物出境展览的重要力量。举办陕西文物展或包含有陕西文物的展览最多的 5 个国家和地区，除美国外，其他都属于东亚地区。作为古代东方世界最有影响力的文化，中国古代文化对东亚地区的辐射、影响是毋庸置疑的。中华文化传播的内容丰富多彩，生产技术、生产工具、文字、制度、法律、经济、思想、宗教、文学、艺术、社会习俗等，都曾传播到东亚各国，并产生了巨大的影响，有些影响一直到今天都还存在。"东亚文化圈"的共性，使得中、日、韩三国人民更容易对陕西文物产生兴趣和共鸣。而香港和台湾地区自古以来就是中国的领土，他们的文化与大陆文化一脉相承，对陕西文物展所代表的中华文化有着天然的亲近感。可见，除去政治、经济因素之外，文化的"共通性"也是日、韩和港、台地区成为举办陕西文物展或包含有陕西文物的展览最重要的国家和地区的原因所在。

❷ 随时间变化的"口味"

相应地,我们从举办陕西文物展或包含有陕西文物的展览的数量随时间变化的情况,也可以了解举办展览的人随时间变化的"口味"。

从1985年至2019年每5年划出的7个时间段里可以看出,从1985年至2009年,我们在境外办展的数量基本呈上升趋势,特别是2005年至2009年,展览数量达到了前所未有的高度,这主要是由欧洲办展数量的突然增多引起的。从2010年起,办展数量则呈下降趋势。

亚洲的情况和总趋势很吻合,即从1985年至2009年,举办陕西文物展或包含有陕西文物的展览的展数量基本呈上升趋势,从2010年起呈下降趋势。但在亚洲各国家里,情况却不尽相同。作为全球举办陕西文物展或包含有陕西文物展览最多的国家,日本举办相关展览的数量在很长一段时间内一直保持着较高的水平,但却从2010年起呈现出断崖式的下跌。另外,在2010年之前,亚洲地区举办的陕西文物或包含有陕西文物的展览,主要是在日本、韩国、新加坡及中国港、澳、台地区,以色列在2001年举办过1场次类似的展览,其他国家和地区则没有举办过类似的展览。但从 2010 年起，更多的亚洲国家开始举办陕西文物展或包含有陕西文物的展览，其中印度举办了 4 场次，哈萨克斯坦举办了 3 场次，土耳其、尼泊尔、吉尔吉斯斯坦、卡塔尔、沙特阿拉伯、泰国各举办了 1 场次。

欧洲地区举办陕西文物展或包含有陕西文物的展览数量最多的是 2005 年至 2009 年，达到了 23 场次之多；数量最少的是 2015 年至 2019 年，只有 2 场次。另外，2010 年至 2014 年、1990 年至 1994 年两个时间段内的相关展览数量也比较多，分别为 15 和 10 场次。其他 3 个时间段，即 1985 年至 1989 年、1995 年至 1999 年、2000 年至 2004 年，数量则比较均衡，分别为 8、7、6 场次。

美洲举办陕西文物展或包含有陕西文物的地区展览数量最少的是 1990 年至 1994 年，只有 4 场次，其原因在于该地区最重要的办展国家美国办展数量相对减少。而这 4 场次展览中的 3 场次依然是在美国举办的，即 1994 年 8 月至 1995 年 5 月在美国旧金山、奥斯堡、夏威夷举办的"中国陵墓之宝——古西安的陪葬艺术"。在美洲地区举办展览最多的是 1995 年至 1999 年，达到了 14 场次，其中有 13 场次是在美国举办的。其他 5 个时间段内，举办相关展览的数量基本是均衡的，但依然可以看出从 2010 年开始逐渐下降的趋势。

显然，陕西文物或包含有陕西文物的出境展览在35年7个不同的时间段里显示出了或增长或下降的不同态势。从全球举办的相关展览的数量看，1985年至2009年，展览数量基本呈上升趋势，从2010年起则呈下降趋势。这种下降趋势与2008年金融危机的全面爆发有很大关系。随着虚拟经济的灾难向实体经济的扩散，世界各国经济的增速均开始放缓，失业率激增，一些国家甚至出现了严重的经济衰退现象。因为涉及国际运输和艺术品保险，国际交流展览是博物馆展览项目中最需要经济实力支撑的，自然就受到了明显的冲击。国际交流展览至少要提前两年进入工作周期，所以国际文物展览的数量在2008年两年之后，即从2010年起才开始较为明显地下降。

在亚洲地区，从2010年起，日本举办陕西文物展或包含有陕西文物的展览数量呈断崖式下跌，除受金融危机影响之外，中日两国之间的政治外交关系，也是非常重要的影响因素。2010年，中国经济总量首次超越日本，成为全球第二大经济体，从而使得两国从"政冷经热"向"政冷经冷"方向转化，钓鱼岛问题的不断升级，更使两国关系趋向冷淡。直至2018年，中日关系才逐渐回暖。在这大环境下，两国之间的文化交流也不可避免地受到了影响，例如陕西省文物交流中心就在2010年至2014年期间取消了两个拟在日本举办的展览。

另外，在 2010 年之前和之后，亚洲地区举办陕西文物展或包含有陕西文物的展览的国家也发生了明显的变化，更多的亚洲国家开始举办相关展览。这个变化既与中国经济发展有关系，也与中国实施的国家战略有关系。2009 年中国的经济总量突破 5 万亿美元，2014 年突破了 10 万亿美元。经济的蓬勃发展，使得文博单位不再需要"以文补文"，像以前那样主要去发达国家和地区举办展览挣取外汇了。随着 2013 年习近平主席关于"一带一路"重大倡议的提出，中国主动发展与丝路沿线国家的经济合作伙伴关系，共同打造政治互信、经济融合、文化包容的利益共同体、命运共同体和责任共同体。作为跨文化交流重要方式的出境展览，自然也随着这一国家倡议的实施而进行了调整。

欧洲地区举办陕西文物展或包含陕西文物的展览数量最多的是 2005 年至 2009 年，数量较多的还有 2010 年至 2014 年和 1990 年至 1994 年两个时间段。在这些时间里，欧洲举办相关展览较多的主要原因，首先是意大利、法国、德国和比利时等大国都举办了比较多的相关展览。意大利是欧洲的文化摇篮、文艺复兴的发源地，在艺术和时尚领域一直处于全球领导地位；法国、德国不仅是欧洲的文化大国和经济强国，经济文化的影响力在全球也名列前茅；比利时的地理位置非常重要，被誉为"西欧的十字路口",也是欧盟和众多国际机构的驻地——经济、文化或地理位置上的重要性和特殊性,使得意大利、法国、德国和比利时一向有举办陕西文物或包含有陕西文物展览的传统。除此之外,各种文化事件或活动对相关展览的举办数量也产生了很大的影响。玛西亚·瓦如蒂教授认为,全球媒体事件如北京奥运会的举办就影响了大英博物馆对中国形象的认识,从而使得大英博物馆在2007年至2008年密集地举办了好几场中国文物展览和文化活动。2005年至2009年,陕西文物或包含有陕西文物的展览的数量能达到欧洲地区举办相关展览数量的最高值,与北京奥运会的举办有很大的关系。另外,2006年的"中意文化年"、2006年和2009年陕西省与比利时安特卫普省友好省关系周年庆典活动、2009年比利时的"欧罗巴利亚—中国艺术节"等,都成为这一时间段意大利和比利时两个国家相关展览数量大幅度增加的重要原因。而意大利和比利时在2005至2009年时间里展览数量的陡增,影响了这一时期欧洲地区乃至全球举办陕西文物展或包含有陕西文物的展览的数量,也使这一时期成为境外举办此类展览最多的时期。

在美洲地区,作为举办陕西文物展或包含有陕西文物展览的绝对大国,以及全球举办此类展览的第二大国,美国举办相关展览的数量直接决定了美洲地区的此类展览的数量和趋势,同时也在一定程度上影响着全球此类展览的数量和趋势。相比其他时间段，1990年至1994年，美国举办此类展览的数目明显减少，这与当时以美国为首的西方国家对中国实行的制裁有关。这一时期，中美关系不佳，直至1994年克林顿政府提出对华接触政策，中美关系才开始缓和。1995年至2000年，美国举办相关展览的数量能成为7个时间段里的最高值，既与中美关系开始缓和有关，也与前一时间段被压抑的市场需求得以释放有关。

❸ 受青睐的中国故事

根据举办陕西文物展或包含有陕西文物的展览题材的情况，我们也可以了解哪些展览选题以及这些选题背后的中国故事，更受身处异域、有不同文化背景的人们的青睐。

陕西文物或包含有陕西文物的出境展览按照题材可以分为两类：第一类是从多个历史时间段选取多种展品以反映一个综合性的展览主题，即综合类展览；第二类是按照某一历史专题、某一历史时间段或某一类文物选取展品，以反映一个专门性的展览主题，即专题类展览。据统计，从1985年至2019年的35年间，在境外举办的374场次陕西文物展或包含有陕西文物的

不同地区举办综合类陕西文物展或包含有陕西文物的展览场次统计表

		综合类细分		合计
		第一类	第二类	
地区	亚洲	43	10	53
	欧洲	13	2	15
	美洲	20	5	25
	大洋洲	5	0	5
	非洲	2	1	3
合计		83	18	101
占比		82%	18%	

不同地区举办专题类陕西文物展或包含有陕西文物的展览场次统计表

		专题类细分									合计
		秦汉文化	唐代文化	丝绸之路文化	历代陶俑	马文化及艺术	佛教艺术	碑林碑拓及文字书法	三国文化	其他	
地区	亚洲	66	45	20	3	2	1	13	8	10	168
	欧洲	40	7	8	0	0	0	0	0	2	57
	美洲	28	0	2	4	1	1	0	0	2	38
	大洋洲	9	1	0	0	0	0	0	0	0	10
	非洲	0	0	0	0	0	0	0	0	0	0
合计		143	53	30	7	3	2	13	8	14	273
占比		52.4%	19.4%	11%	2.6%	1.19%	0.7%	4.8%	2.9%	5.1%	

展览中，综合类展览共有 101 场次，占所有展览场次的 27%；专题类展览有 273 场次，占所有展览场次的 73%。由此可见，专题类展览更受欢迎。不过，在非洲地区，目前所举办的展览都属于综合类，专题类展览还是空白。

综合类展览还可以具体分为两类：一类为反映中华五千年文明的"华夏瑰宝"展、"国宝"展、"中华大文明"展、"历代王朝"展、"黄河文明"展、"走向盛唐"展、"中国考古新发现"展等，共 83 场次，约占综合类展览的 82%；第二类为反映陕西作为中华文明重要发祥地的"长安瑰宝"展、"陕西省文物精华"展、"陕西考古新发现"展、"西安诸王朝"展等，共有 18 场次，约占综合类的 18%。由此可见，综合性展览中，以反映中华五千年文明的展览更受欢迎。

一般来说，综合类展览题材有助于参观者了解中国传统文化全貌，而专题类展览则有助于参观者对中国传统文化某一侧面或某一时间段进行深入了解。这也可以说明为什么经济社会相对欠发达的非洲地区，至今尚未举办过一个陕西文物或包含有陕西文物的专题展览，而亚、欧、美、大洋洲，既举办过一定数量的综合展览，也举办过数量较多的专题展览。

陕西地区作为中华文明的摇篮、丝绸之路的起点以及周、秦、汉、唐等 14 个王朝的建都之地，地上地下文物都非常丰富,因而具有举办反映中国传统文化,特别是唐代以前中国传统文化和历史的综合性主题展览的条件。在某些展览主题中冠以"陕西""长安""西安"等,就是为了突出和强调陕西地区在中国古代历史中的地位和作用。虽然这一类主题的展览在综合类展览中只占18%,但也足以说明展览举办国家(地区)和博物馆对陕西历史文化的认知和了解。

除非洲地区外,在亚、欧、美、大洋洲,相比于综合性展览,专题类展览不仅数量多,而且题材多样。特别是在亚洲地区,专题展览的题材几乎涵盖了陕西所有具有代表性的时代和类别的文物。除秦汉文化、唐代文化和丝绸之路文化这三个主题的展览外,亚洲地区还举办了3场次历代陶俑主题展、2场次马文化及艺术主题展、1场次佛教艺术主题展,以及13场次的碑林碑拓及文字书法展和8场次的"大三国志"展。13场次的碑林碑拓及文字书法展,是在日本、韩国、中国台湾和中国澳门举办的;8场次的"大三国志"展,是在日本和中国台湾举办的。碑林碑拓及文字书法主题展和三国主题展在亚洲地区大受欢迎,是亚洲地区举办陕西文物专题展一个非常鲜明的特点。而这两种主题的展览在其他几大洲都没有举办过。同样,亚洲地区还举办了10场次的其他主题展览,包括周文化展、钱币展、金银器及工艺展、耀州窑瓷器展、花鸟画展等。这些主题的展览在其他四大洲也都没有举办过。

欧洲、美洲、大洋洲举办专题类展览选取的题材则要少很多。除秦汉文化、唐代文化和丝绸之路文化这三个主题的展览外，欧洲还举办了各1场次的"中德科技合作成果"展和"明代文物"展，美洲举办了4场次的"历代陶俑"展、2场次的"道教与中国艺术"展、各1场次的"马的艺术"展和"碑林佛造像"展。大洋洲只举办过秦汉文化、唐代文化的专题展览。

在专题展览中，秦汉文化、唐代文化和丝绸之路文化的主题展览最受欢迎，分别举办了143、53和30场次，分别占专题展览总数量的52.4%、19.4%、11%，三者之和则几乎占了专题展览总数的83%。这其中，秦汉文化主题展览，占到了专题展览总数量的一半以上，特别是在欧洲、美洲和大洋洲，相比于其他专题，其所占比重具有绝对优势。唐代文化题材的展览数量仅次于秦汉文化题材展览，位居第二。其在亚洲所办展览中比重很高，在欧洲也占有一定比例，在大洋洲举办过1场次，但在美洲至今尚未举办过。丝绸之路文化题材的展览数量位居第三，在亚、欧、美三大洲都举办过，但在亚洲、欧洲举办的数量在两洲专题展览总数中都占有一定的比例，而在美洲的比例则明显偏低，在大洋洲则为0。

亚洲地区，特别是东亚地区，在古代很长一段时期都深受

中国传统文化的影响,因此中国各个时期的文物都有可能成为这些国家举办展览的选择。碑林碑拓及文字书法主题展和"大三国志"展在亚洲地区,特别是日本、韩国等国和中国台湾、中国澳门等地区受到欢迎,是与它们同中国传统文化的深厚渊源密不可分的。作为承载着中国传统文化的汉字及书法艺术,以及反映中国传统文化和书法艺术的碑拓,对深受汉字和中国传统文化影响的日本和韩国来说,有着巨大的魅力。台湾和澳门更与大陆与内地同文同种,喜爱碑林碑拓及文字书法主题展览,更是题中之意。而对使用字母文字的欧美等国家和地区的民众来说,则很难理解和体会这类展览的文化内涵和艺术美感,这是他们几乎不选择此类选题的重要原因。三国时代是中国历史上最具戏剧性、最有艺术魅力的时代,也是英雄辈出的时代。由于历史名著《三国志》和历史小说《三国演义》的广泛传播和深入影响,那些颇具传奇色彩的人物,以及他们所体现出来的忠诚、勇敢、睿智、坚毅等凝聚着中华传统文化核心价值的美德,备受国人和中华传统文化圈人们的推崇和称颂。近年来,以三国故事为题材的电影、电玩游戏的推出,更助推了三国文化热,而这些则成为"大三国志"展在日本、中国台湾大受欢迎的原因所在。

秦汉时期和隋唐时期是中国古代历史上最为重要的两个

时期,也是陆上丝绸之路最为兴盛的时期。由于丝绸之路的畅通,中华文明与世界文明发生了深层次、大范围的交流和融合,不仅成就了中华文明的辉煌,也影响了世界文明的进程。这也是秦汉文化、唐代文化和丝绸之路文化主题展览在世界范围内最受欢迎的根本原因。不过,对欧美国家来说,要理解迥异于西方文明的东方文明代表——中华文化,秦汉文化为题材的展览是其最好的切入点。正如大英博物馆馆长迈克格雷格所说的:"始皇帝展览都与国家的控制有关,这个国家自身不可分割的意识极强。不顾所有困难,坚持统一,对中国来说,是历史现象中一个非常重要和持久的特征。"这也就是秦汉文化题材的展览在全球都很有影响力,而在欧美国家尤其受到追捧的一个重要原因。

隋唐文化对亚洲,特别是东亚地区影响深远,所以,唐代文化题材的展览在亚洲地区与秦汉文化题材的展览数量不相上下。而在隋唐时期,由于丝绸之路的繁荣,欧洲与亚洲,特别是中国有了较之前更多的文化交流,所以唐代文化与丝绸之路文化题材的展览,在欧洲也占有一定的比例。

由于地理的阻隔,美洲、大洋洲和中国传统文化的联系,相比中国与亚洲其他国家和欧洲国家来说,要少得多,所以,在美洲和大洋洲举办的陕西文物或包含有陕西文物的专题展览中，几乎是秦汉文化题材展览一枝独秀，而鲜有其他题材的专题展览。

通过对1985至2019年35年来陕西文物或包含有陕西文物出境展览的大数据统计、分析与总结，我们了解了是哪些国家和地区的人最喜欢举办中国文物展，特别是陕西文物展或包含有陕西文物的展览；了解了35年来举办中国文物展，特别是陕西文物展或包含有陕西文物的展览的情况发生了哪些变化；了解了什么主题的中国文物展，特别是陕西文物或包含有陕西文物的展览最受欢迎。检视过往，寄希望于未来，我衷心地希望今后的出境展览工作能在以下5个方面继续加强：

1. 加强对文物出境展览、交流的统筹规划。相关部门应按照国家的文化战略，研究和制定我国文物出境展览的总体规划和部署，明确长远目标和短期规划，确定重点项目和主要任务。在有中国文化年和国家建交、省州友好关系建立等重大活动庆典时，要提早主动策划有影响的出境文物展览。

2. 制定灵活、差异化的国际文物展览、交流政策。相关部门应按照我国的外交工作方针，推动文物交流的全面发展。对发达国家和发展中国家，在文物外展政策引导和资金支持上应该有所区别。针对发展中国家一直以来较少举办中国文物展的问题，应该制定不同于发达国家的出境展览政策，积极推进与发展中国家的文化交流。

3. 继续加强与港、澳、台地区的文化交流。文化交流是民众共享文化价值观念、共同发展文化、传承文化的重要形式，也是促进文化认同的直接方式。作为文化交流重要形式之一的文物出境展览，应该担负起"修文德以来之"的历史使命。

4. 着力打造陕西文物交流的特色品牌。统计数据表明，秦汉文化、唐代文化、丝绸之路文化主题的专题展览是最受国际博物馆界追捧的陕西文物或包含有陕西文物的出境展览，特别是兵马俑及秦汉文化题材的展览，更是宣传陕西乃至中国的特色名片。作为拥有秦汉文化、隋唐文化和丝绸之路文化文物资源的大省，陕西应该及时将新的考古发现和新的研究成果吸纳进展览中，不断深化展览内涵，丰富展览表现手段，着力打造更具有特色的陕西文物交流品牌。

5. 各文博单位要以展览、交流为契机，主动参与到与境外博物馆的业务交流与技术合作中，通过开展多层次、多渠道、多形式的交流与合作，充分发挥文物出境展览在增强国家文化软势力和宣传陕西等方面更加积极的作用。

"文明因交流而多彩，文明因互鉴而丰富。"作为文明交流互鉴重要方式之一的文物出国（境）展览，一定会在下一个35年，写出更加绚丽多彩的新篇章。

那些年　那些事　那些人

（代后记）

2016年12月31日，由于陕西省事业单位机构改革，负责组织陕西省文物出境展览的专门机构——陕西省文物交流中心，停止了其作为一个独立法人机构近17年的运转，于2017年1月1日起，被整体合并到陕西历史博物馆。这种体制的变化，对陕西的文物出境展览工作来说，在某种意义上意味着一个时代的结束。而对在陕西省文物交流中心负责了近8年文物出境展览工作，见证了这期间陕西几乎所有文物出境展览的筹备、举办、结项，与全球众多博物馆界同行或多或少、或直接或间接有过交流和合作的我来说，那些难忘岁月里刻骨铭心的事和感人至深的人，无疑是一笔巨大的精神财富。每每想起，都难以忘怀,唯有用文字记录下来,才能抒发我心头那浓浓的感念之情,也才能铭记那段不平凡的岁月。而如果能对一些对文物出境展览和跨文化交流感兴趣的人士有所触动和启发,对我来说,那就更是意外之喜了。

对一个文物出境展览组织机构来说,最核心的两项任务:一是要保证文物顺利出境,二是要保证与文物出境展览工作相关的人员按期出访。文物出境展览一般由国家文物局审批,超过一定规模或一级品超过一定比例,还要报国务院审批;而人员出访则依据属地管理原则,由当地政府及职能部门审批。2010年前后,正是国家文物局出境展览理念、管理审批部门职能、相关具体政策的转变和调整时期,也是"三公"之一公务出境的政策不断规范和严格的时期,要将宏观的国家政策理解到位,并落实到每一个项目的实施,甚至是某一件文物的出境、每一个人员的出访中,无疑具有极大的挑战性。而且,这其中还包含对外交往中不同文化之间的差异、项目洽谈与执行时间差等因素导致的诸多障碍。而我,就是从2009年下半年开始,负责陕西省文物交流中心的出境展览工作的。那些年里,我和我的同事们,凭着我们的热情和智慧,在尽力缩小政策和具体执行之间的距离、努力跨越各种跨文化交流障碍的过程中,不断深化着对文物出境展览工作的认识,逐步提升着对外交流工作的专业化水平。

　　从 2009 年至 2016 年，陕西省文物交流中心共承办或参与了大大小小 44 项 65 场次、赴五大洲 22 个国家（地区）的文物出境展览活动。在这些展览中，除 8 项 16 场次是"华夏瑰宝"展、"中华大文明"展和"中国古代帝王珍宝"展这样的综合性展览外，其他 36 项 49 场次都是以一个时代或一个主题选取文物的专题类展览。与陕西的文物资源相匹配，以周、秦、汉、唐、丝绸之路为主题的文物展览成为陕西文物出境展览中具有代表性的选题，其中，以秦兵马俑和秦汉文化为主题的展览达到了 20 项 26 场次之多，成为陕西最具特色的出境文物展览。

　　以秦兵马俑和秦汉文化为主题的展览在国际艺术品展览市场上炙手可热，就在于其既携带着中华传统文化基因，又反映了 20 世纪中国考古史上最伟大的发现，代表了中国古代极高的艺术成就。作为具有代表性的文化项目，以秦兵马俑和秦汉文化为主题的展览往往也成为两国建交庆典、国家文化年活动中的重要文化担当，比一般的文物展览承担着更多的文化外交职能。一方面是庞大、火热的市场，一方面是数量有限、状况脆弱的文物现状，在组织、承办以秦兵马俑和秦汉文化为主题的展览过程中，我更加体会到文物保护与利用的两难，也更加体会到对外交流工作背后的艰辛。这也是我在本书中着重从以秦兵马俑和秦汉文化为主题的展览中选取了10个案例的原因所在。在这些鲜活的案例之外,《火热的兵马俑——国际文化交流背景下的兵马俑出境展览》是我对以秦兵马俑和秦汉文化为主题展览广受追捧现象的解读;《风雨35年——陕西文物出境展览35年的大数据》,则是在我对陕西文物出境展览从开始独立出境办展的1985年至2019年这35年间各种数据进行分析的基础上,对陕西文物出境展览工作的回顾与总结,以及对未来工作的期待与祝福。

在近8年负责陕西文物出境展览工作期间,为了文物出境和与文物出境展览工作相关的人员的出访,我们与省内很多文物收藏单位、个别省外文物收藏单位,全球22个国家(地区)各种性质的几十个博物馆、艺术馆、研究机构,与上至国家文物局下至各区县的各级文物管理机构,与人员派出地的地方政府、外事部门、公安部门,与中国驻外使馆及各国驻华使馆,均有或多或少的业务往来。所有与我们打交道的人,不管是中国人还是外国人,不管是大陆人还是港、澳、台同胞,不管是基层文管所的文物管理员,还是位高权重的行政官员,都有一种共识,那就是文物出境展览是传播中华文化、加强不同文化之间交流的有效方式。正是基于这样的共识,陕西的文物出境展览工作得到了相关机构绝大多数人的充分理解和大力支持。他们或因对中华文化的热爱而不遗余力地推动展览的实施，或在展览实施过程中遇到困难时坦诚相待并勇于担当，令我深受感动并将永远铭记在心。而这些人以及他们的所作所为，也成为本书中不可或缺的重要内容。

从事陕西文物出境展览管理工作为我构筑了一个开阔的事业平台，并成就了我职业生涯中的一段黄金岁月。而能将其中的感受和体会记录下来并草成此书，则得益于我的老师、故宫博物院前院长单霁翔先生，陕西省文物局原副巡视员吴晓丛先生，华协国际珍品货运服务有限公司总经理汤毅嵩先生。他们对事业的热爱和执着一直是我学习的榜样，他们对我的鼓励和肯定更成为我下决心完成此书的力量源泉。陕西历史博物馆原党委书记、馆长强跃先生在得知我的写作计划后，也是积极鼓励我，并提议将本书纳入陕西历史博物馆学术文库。另外，曾担任陕西省文物交流中心副主任的韩钊女士，陕西省文物交流中心的张正、吴海云、周永兴等先生，陕西九州同律师事务所的王小龙律师，美国洛杉矶宝尔博物馆董事会主席施刘秀枝女士，加拿大皇家安大略博物馆副馆长沈辰先生，澳大利亚新南威尔士艺术博物馆中国艺术部主任曹音女士等，都为本书的写作提供了宝贵的参考意见和相关资料。陕西历史博物馆科研处的谭前学先生、翟战胜先生，陕西师范大学出版总社的郭永新先生在本书的出版过程中也费了不少心血，并给予了我很多帮助。在此，向他们以及所有鼓励、支持我完成此书的人深表谢意。

  我还要向我的家人表示感谢。我的先生，不仅自己将全部身心都投入工作中，也希望我是一个以事业为重、以家庭为辅的妻子。但努力扮演好职业女性多重角色的自我期许，使我有时不免顾此失彼，常常因为忙碌的工作和繁杂的家庭责任对心力的销蚀而懒于动笔，是他不断督促我，让我坚持完成了这本小书。我的儿子，对自己所认准目标的执着和努力，也激励着我要继续前行，不断以对事业的热情浇灌生命之树，更有活力地陪伴刚刚步入社会的儿子的崭新人生。

  最后要说明的是，本书中所使用的照片，除少部分为我自己拍摄外，绝大多数都是由中外博物馆界诸多参与出境展览工作的同人拍摄并提供的。特别是邱子渝老师，将他拍摄的最为满意的兵马俑照片提供给我用作本书的插图以烘托气氛。在此也向他们表示衷心的感谢！

庞雅妮

2020 年 3 月 5 日于西安